D0162226

El alcalde de Zalamea

European Masterpieces
Cervantes & Co. Spanish Classics Nº 20

Series Editor: Tom Lathrop

El alcalde de Zalamea

Pedro Calderón de la Barca

Edited and with notes by

Vincent Martin

University of Delaware

Cervantes & Co.

FIRST EDITION

Copyright © 2006 by European Masterpieces
270 Indian Road
Newark, Delaware 19711
(302) 453-8695
Fax: (302) 453-8601
www.JuandelaCuesta.com

MANUFACTURED IN THE UNITED STATES OF AMERICA

ISBN 1-58977-027-7

Table of Contents

A Guadalupe y Amanda, patrimonio de mi alma

Acknowledgments

I wish to express my sincere gratitude to the following students at the University of Delaware who actively participated in the preparation and completion of this project, and who made many valuable suggestions throughout: Katilin Carter, Elisa Cogbill, Amanda Eaton, Jacqueline Hornberger, Alicia Nichols, Victoria Richardson, Cristina Sanchis, and Lindsay Taylor. These students made the editorial experience much more enjoyable.

I am also indebted to Cristina Sanchis for her painstaking assistance in the compilation of the first draft of the glossary, and to Kaitlin Carter for her keen eye for detail in the preparation of the final manuscript.

Finally, I wish to thank Guadalupe Parras Serradilla for her everlasting patience, stamina, and support.

Introduction to Students

1. PEDRO CALDERÓN DE LA BARCA

Pedro Calderón de la Barca represents the pinnacle of Spain's literary "Golden Age." Born in Madrid on 17 January 1600, Calderón grew up watching the plays of Lope de Vega, the founder of Spain's *comedia nueva*. Calderón perfected the dramatic genres that he inherited from his predecessors (Miguel de Cervantes, Lope de Vega, Tirso de Molina), continually rethinking specific themes and actions, and often reworking particular plays. This multifaceted writer crafted profound philophical works as well as comic farses written for carnival, sometimes even mocking his own "serious" plays; he wrote *autos sacramentales* (allegorical one-acts staged on the Feast of Corpus Christi) and honor plays; he wrote operas, romantic comedies, and tragedies; he generated sumptuous palatine spectacles, as well as bawdy dances and interludes that were performed between acts. Calderón invented a truly original voice in Spanish theater that would resound across time and space, and which continues to dazzle spectators and inspire writers and theater troupes throughout the world.

Calderón's dramatic productions incorporated the most up-to-date technological advances in staging techniques and set design, adapting the current trends in baroque art, architecture, and music into the representation of his poetic drama. As court dramatist, Calderón enjoyed close contact with major European figures, such as Spain's King Felipe IV, the Spanish painter Diego Velázquez, and the Italian architect and set designer Cosme Lotti, which placed the author at the center of a revolution in Spanish theater. When he died in Madrid on 25 May 1681, Calderón left behind over two hundred plays and an astounding legacy

11

that marks the end of Spain's Golden Age. The author's long, fruitful career as a playwright allowed him to witness and participate in the philosophical, political, literary, and artistic life that spanned the period of the last three Hapsburg monarchs: Felipe III (1598-1621), Felipe IV (1622-1665), and Carlos II (1667-1700).

At the age of 14, he took up studies at the Universidad de Alcalá de Henares, transferring the following year to the Universidad de Salamanca where he studied the arts, law, and theology until the age of 19 or 20. In 1621 Calderón and his brothers were accused of murdering a servant of the High Constable of Castile, leading the young men to seek asylum in the Austrian Embassy in Madrid, and finally leading to the payment of a considerable indemnity to the victim's family. At 22, the young Pedro won a poetry contest organized in Madrid in celebration of the canonization of Saint Isidore the Farmer, or San Isidro, the patron saint of the *Corte*. The next year, Pedro Calderón debuted at the Royal Palace his first play, *Amor, honor y poder*, a title that synthesizes three key themes of Golden Age drama upon which the author would not cease to reflect throughout his vast literary career.

Pedro Calderón lived in and among the streetwise and often villainous world of actors, actresses, and the theater. He was known to have participated in a duel and to have slapped another gentleman in a church. The swashbuckling Calderón even profaned—sword in hand—the cloistered convent of the Trinitarian nuns in pursuit of the stage manager Pedro de Villegas who had seriously wounded Pedro's brother during a rehearsal. Rehearsals of plays often got out of control, as one chronicler of the period tells us: "During last Sunday's rehearsals of the plays, in one of the sword fights that broke out, Don Pedro Calderón, the author of the play, received several gashes."[1] Villegas thought he had killed Calderón's brother and fled the scene immediately, seeking shelter in the convent. The constables (*alguaciles*) and Pedro Calderón himself pursued Villegas, entered the convent with great insolence, and stripped the nuns of their veils, searching all the cells, but

---

[1] José Pellicer, *Avisos históricos, Semanario erudito*, vol. 31 (Madrid, 1790) 139.

never finding the fugitive Villegas. It just so happened that Lope de Vega's daughter Marcela was a nun in that convent, and Lope reported Calderón's impertinent incident to the Duke of Sessa. Calderón was placed under house arrest for several days, and the whole scandal actually intensified his growing popularity at court.

While Calderón's early years are certainly chock-full of a rebellious and often irreverent spirit, a critical spirit that would never entirely disappear from his art and thought, there is also a socially deferential side to this complex writer. In 1635, the year of Lope de Vega's death, Calderón was named director of stage performances for the Royal Palace. The following year King Felipe IV made Calderón a Knight of the prestigious Military Order of St. James (Santiago), an honor that Lope himself had sought in vain. That same year Calderón was named court censor of plays and was responsible for approving for publication the dramatic works of writers such as Tirso de Molina. In 1640 Calderón enlisted in a cavalry company of knights of the military orders that was sent to quash the Catalán rebellion. The playwright received a medical discharge in 1642 for a wound to his hand that he received while fighting bravely on the battlefield near Villaseca in the autumn of 1641. Some critics have speculated that Calderón may have written *El alcalde de Zalamea* between 1640 and 1642 (Halkhoree 14-15, Díez Borque 55-57), the years corresponding to his military service. It seems quite plausible that he wrote this play upon his return from active military duty, although he could easily have written it before his tour of duty, as Ángel Valbuena Briones points out (1990, 27-29).

2. HISTORY OF THE PLAY

The play is set in the summer of 1580, when the Spanish army marched to Portugal to enforce King Felipe II's annexation of that country. The "Prudent King," as he was known, spent that summer in the Extremaduran city of Badajoz, capital of the province in which Zalamea de la Serena is located. In June of that year the Spanish monarch issued a public decree prohibiting the troops that were lodged in the homes of the surrounding villages from pillaging and behaving in any exorbitant manner; the decree specifically stipulates "que ningún soldado ni otra persona de cualquier grado ni condición que sea, ose ni se atreva de hacer violencia ninguna de mujeres, de cualquier calidad que sea, so pena de la vida" (Valbuena Briones 1990, 26). So it comes as no surprise when, at the very end of our play, Pedro Crespo, the mayor of Zalamea, directs the following words to the audience as an indication that what we have just witnessed was based on a true story:

> Con que fin el autor da
> a esta historia verdadera (ll. 978-79).

But when we watch a play or a movie that is based on a true story, how close is it to the historical truth? Some critics have argued over the accuracy of the events chronicled in Calderón's play (Sloman, Dunn)—for example, was Felipe II actually in Zalamea de la Serena in 1580?—but what we must keep in mind is that this is dramatic art, poetry, and not history. In this regard, it is essential to consider what Aristotle wrote about poetic truth, as opposed to historic truth, the philosophical difference between poetry (in this case, dramatic poetry) and history:

> It is, moreover, evident from what has been said that it is not the function of the poet to relate what has happened, but what may happen—what is possible according to the law of probability or necessity. The poet and the historian differ not by writing in verse or in prose. The work of Herodotus might be put into verse, and it would still be a species of history, with meter no less than without it. The true difference is that one relates what has happened, the other what may happen. Poetry, therefore, is a more philosophical and a higher thing than history: for poetry tends to express the universal, history the particular. By the universal, I mean how a person of a certain type will on occasion speak or act, according to the law of probability or necessity; and it is this universality at which poetry aims in the names she attaches to the personages (68).

Lope de Vega incorporated Aristotle's classical notion of poetry and history into his *comedia nueva* by manipulating historical veracity in order to create a more universal, "poetic" form of drama. Calderón inherited this "theory" of drama and added a philosophical depth and structural tightness missing from earlier Spanish playwrights. In the specific case of *El alcalde de Zalamea*, Calderón was able to create a work of philosophical art that expresses the universal themes of love, honor, and justice, all within a historical context that pits soldiers against villagers. In this regard, critics like Ángel Valbuena Briones and José María Díez Borque have taken a more reasonable approach to the history behind our play, emphasizing the fact that, in this work of art, Calderón incorporates historical figures and locations in order to weave a suspenseful, and verisimilar, play of love, honor, and justice.

Regardless of how closely the play actually follows a specific historical event of 1580, Calderón's *El alcalde de Zalamea* clearly does follow a play of the same title, most probably written by Lope de Vega before 1610 (Sloman 218, Díez Borque 55). Calderón's zeal for rewriting plays, both those of others as well as his own, is one of the author's many demonstrations of his undisputed virtuosity. Albert E. Sloman's renowned study of Calderón's reworkings of earlier plays brings to light precisely this aspect of the playwright's art, for his *refundiciones* or reworkings of plays by other dramatists are of a higher artistic and intellectual quality than their models; in fact, they must be considered entirely new plays and not just "remakes." In the case of our play, Premraj Halkhoree has noted: "*El alcalde de Zalamea* is a play which illustrates perfectly how Calderón could transform a dramatically unsophisticated and thematically simple work into a highly complex and profound drama" (13).

Sloman dedicates a chapter of his study to the comparison between Calderón's *Alcalde* and the source play, highlighting the fact that while the early play was about a mayor and justice, Calderón's rewrite is fundamentally about honor (226). This key shift in theme is carried out by the timely election of Pedro Crespo to the office of mayor in the last act of Calderón's play. In Lope's play, Crespo is mayor from the beginning and all of his actions must therefore be seen as justiciary. But Calderón's Crespo is given dramatic space to reflect deeply, as a mere peasant, on his honor. The original title of Calderón's play, *El garrote más bien dado* (*The Best Garroting Ever Executed*), emphasizes the vengeance aspect of the play, which also elevates the focus on honor. The theme of Calderón's version is further complicated by the playwright's changes to several of the characters: Crespo's role as a good father is underscored; his daughter Isabel is now virtuous and honorable; and the creation of Crespo's son Juan gives added dimension. David Darst's analysis of Pedro Crespo's different roles is especially engaging and sheds light on the central theme of prudence (Darst, "Many Roles").

As Halkhoree explains, following Sloman, what Calderón takes from his source is the historical background, the last scene, and the names of four characters: Don Lope de Figueroa, Pedro Crespo, Isabel Crespo, and Don Álvaro de Ataide. In reality, Don Lope de Figueroa is the only character who remains unchanged by Calderón's reworking of the play; all of the others have been changed so radically that they have little or nothing in common with their namesakes of Lope de Vega's play (16). In terms of action, Calderón rewrites the story of a mayor's two daughters being seduced by two captains to one about a peasant's daughter being sexually assaulted by a captain. And this allows the final scene of Calderón's play to take on a drastically new significance: "In Calderón, the final scene stresses the contrast between the moral law and the law of the state, a contrast which is fundamental to the whole play" (Halkhoree 16). The profound changes in structure, theme, action, and character, as well as language, imagery, and staging, illuminate Calderón's masterful and thorough transformation of Lope's source play.

3. PLOT SUMMARY
ACT I

A soldier named Rebolledo, his prostitute girlfriend La Chispa, and a company of soldiers march in a field near the town of Zalamea. The group is fatigued and anticipating reaching the town so that they can rest. Upon their arrival, they are met by the Sergeant and Captain Don Álvaro de Ataide, who inform them that Don Lope de Figueroa, the head of the army, has given orders that all soldiers are to remain in Zalamea until his arrival. The group is to find their assigned accommodations with different families in the town. The Sergeant and the Captain are to stay in the home of a peasant named Pedro Crespo. The Sergeant has chosen this lodging for the Captain since it is said to be the best in town and, most importantly, because the peasant has a beautiful daughter named Isabel. The Captain dismisses this idea: Crespo's daughter may be beautiful but she is still a peasant, and a man of his stature could never be interested in a lowly peasant girl. The two men then make their way to their lodging.

Meanwhile, the poor nobleman Don Mendo and his starving servant, Nuño, also travel to the house of Pedro Crespo to see Isabel. Nuño is confused as to why Don Mendo continues to profess his love for Isabel when he does not intend to marry her, and Don Mendo explains he does not want to be the son-in-law of a peasant, and that he can drop Isabel off at a nunnery if he tires of her. He arrives at her house and waits for her in the road under her window. Isabel comes to the window to speak to Don Mendo and yet again rejects his advances. Juan and Crespo are also annoyed with Don Mendo's persistent boldness. As soon as Don Mendo and Nuño see Crespo and Juan approaching, the two leave the home for fear of trouble.

Before bringing the Captain to the home of Pedro Crespo, the Sergeant stops by to ensure the room will be prepared. Crespo is gracious and assures him that even though his home may have modest accommodations, he will do everything possible to make the Captain's stay comfortable. After the Sergeant leaves to get the Captain, Crespo decides it is inappropriate for Isabel to be in the house with the soldiers and be subjected to their coarseness. He requests that she stay in the attic rooms, and Isabel agrees, even saying that she was about to ask her father permission to do the very thing.

The Captain arrives at Crespo's home with the Sergeant, who immediately wishes to see Isabel. He searches the home unsuccessfully, but after questioning a servant, he finds out that her father has hidden her in the attic. Crespo's hiding of his daughter raises the interest of the Captain , and he decides to devise a plan to meet her. Rebolledo arrives to ask the Captain for monetary assistance, and the Captain agrees to this request only after Rebolledo agrees to help him in his plan to find Isabel. The plan consists of Rebolledo and the Captain feigning a fight which will lead them up the stairs and to the attic. Rebolledo is resistant at first to participate in this scheme but concedes since it is the only way he will receive the Captain's help.

The Captain and Rebolledo begin fighting and ultimately reach the attic. La Chispa runs to alert Juan and Crespo of the quarrel. Juan and Crespo up to the attic run with their swords. In the attic, the Captain attempts to court Isabel by claiming that the only thing restraining him from killing Rebolledo is her beauty. At this point, Crespo and Juan enter the room and are surprised at the situation that they encounter: they had expected to walk into a bloody fight but instead they find the Captain flirting with Isabel. Crespo asks for an explanation, and the Captain claims that Isabel's beauty has calmed him of all his fury. Juan immediately sees it was all a scam to get into Isabel's room, and he accuses the Captain of offending his father.

Crespo is ashamed that his son would accuse an honorable soldier of such a thing, but also angry with the Captain for chastising his son. The Captain and Juan begin to fight. Don Lope unexpectedly arrives in the middle of this fight and demands to know the situation. The Captain claims Rebolledo began the fight, and Don Lope believes the Captain. The Captain secretly whispers to Rebolledo that he should keep quiet and he'll be freed, but Rebolledo does not believe this promise and recounts what truly happened. Don Lope decides to resolve the conflict by getting the soldiers out of Crespo's house and sending them to separate lodgings. He also issues an order that no soldiers are to leave the town or they will be punished by death. In a private conversation, Crespo thanks Don Lope for sending away the soldiers, explaining he was ready to kill the captain for offending his son and his honor. Don Lope responds that he will hang anyone who harms a soldier.

ACT II

One of Isabel's maids has told Nuño that the Captain is courting Isabel,
and Nuño informs Don Mendo. Although Isabel rejects the Captain just
as she does Don Mendo, Don Mendo is angry that the Captain would
pursue the woman he is courting. He vows to duel with the Captain,
although he quickly leaves the street when the Captain arrives.

The Captain describes his passionate love for Isabel to the Sergeant
and Rebolledo. He also expresses his frustration over her rejection of him
and her obstinate hold to her honor, an action he considers ridiculous for
a peasant girl. The Sergeant reminds the Captain that he is leaving in one
day, but the Captain still swears that he will have Isabel. The Captain
again extols Isabel's beauty and bemoans his desire to see her. Rebolledo
suggests they enlist La Chispa and the other soldiers to help them
serenade Isabel.

Don Lope and Crespo have dinner together in Crespo's house.
Crespo is a courteous and attentive host to his guest. Don Lope notes the
change in Crespo's tone since the day before in the attic and says that
Crespo's temper must have gotten the best of him. Crespo denies this,
maintaining that his temper never gets the best of him. The two have
gained a mutual respect for one another: Don Lope admires Crespo's
astuteness, and Crespo believes Don Lope to be a gentleman. Don Lope
requests that Crespo's daughter dine with them, and Juan brings Isabel
to the table. The dinner is interrupted by guitar playing and by pebbles
being thrown against the windows. The soldiers begin to sing and call
Isabel's name, which embarrasses Isabel and angers Juan. Crespo and
Don Lope are also offended by the commotion, but neither takes action
in order to remain respectable in the other's eyes.

The Captain, Rebolledo, La Chispa, and the soldiers continue their
loud singing and guitar playing. Don Mendo arrives in his aged armor
and waits to hear Isabel's reaction to the Captain's serenade. Don Lope
and Crespo, both armed, enter from opposite ends of the street
unbeknownst to one another. They thrust their swords at the soldiers
until the soldiers have all scattered, and only the two men are left on the
street. Each thinking that the other man is one of the soldiers, Don Lope

and Crespo fight one another until Juan arrives, and they realize who the other man really is. The Captain and the soldiers return, and the Captain claims that the soldiers were just strolling in the street singing and that he was trying to stop an argument that occurred amongst them. Don Lope orders that the Captain's company be taken out Zalamea, and he demands that the company behaves itself. Don Lope's firmness impresses Crespo.

In a comic scene, Don Mendo and Nuño bemoan their wounds, and Don Mendo says he will no longer be jealous of the Captain. On the other side of the street, the Captain and the Sergeant plan to get a hold of Isabel that night. The Captain explains that he has bribed one of Isabel's maids in order to gain access to the house and that he knows Don Lope will be out of town on military business. The Captain is even more encouraged about the success of his plan when he learns from Rebolledo that Juan will be leaving the house to serve Don Lope in the military.

That night at Crespo's house, Don Lope thanks Crespo for allowing him to take his son as a soldier. Crespo willingly gives up his son and asks Don Lope to forgive Juan for his simple manners. Juan vows to be Don Lope's faithful servant. Isabel and Inés enter, and Don Lope departs after praising Isabel and giving her a medallion. Crespo gives a long farewell speech to his son reminding him to be humble and respectful to others, especially to women, and after a tearful goodbye with his sister and cousin, Juan departs.

Almost immediately after Juan's departure, the soldiers burst into Crespo's house and restrain Crespo and Inés so the Captain is able to carry off Isabel. Crespo is without a sword and unable to defend his honor. The kidnappers leave the house, and Inés gives Crespo a sword. He runs after them in order to save Isabel and restore his honor. Amid Isabel's cries for help, Crespo fights the soldiers in a field but is outnumbered, and his life is only saved when the Sergeant orders the others to tie him to a tree and leave him in the woods. On his way to meet Don Lope, Juan hears the sad cries of a man and a woman, not realizing that they are the screams of his father and his sister. Remembering his fathers words to respect women, Juan vows to first help the woman and then the man.

ACT III

Isabel laments her rape and the loss of her honor. She also chastises herself for fleeing from her brother: she believes she should have told him what happened and allowed him to kill her in order to maintain their family's honor. While wandering through the woods, she hears a man's voice also wishing for death, whom she recognizes to be her father. Crespo sees her and asks that she untie his bonds. Before doing so, Isabel woefully describes how she was raped and how Juan had come to rescue her, fought with the Captain, and wounded him. She also relates how she had run away from her brother. She then unties her father's bonds and prostrates herself before him so he may take her life in order to restore his honor. However, once freed, Crespo does not take his daughter's life but gently leads her back home, where he fears his son's safety may be in danger for wounding the Captain.

As soon as the two reach town, a clerk greets Crespo and tells him that he has been elected as mayor. Crespo inwardly wonders how he will avenge his honor now that he is responsible for maintaining the law and therefore must stay within the law himself. He goes to the town hall for his official investiture and tells Isabel to proceed home.

Meanwhile, the Captain has been in town getting his wound mended. The Captain does not worry about retribution from civilian law since the law obliges the townsfolk to turn him over to military court. Crespo enters the Captain's lodging and orders that no soldiers be permitted to leave and threatens them with death. The Captain and Crespo are alone, and Crespo humbly offers to give himself, his family, and his fortune over to the Captain if he will right Isabel's lost honor by marrying her. The Captain arrogantly rejects his pleas and maintains that Crespo, as a civilian magistrate, has no authority over him, and that he will complain of Crespo's actions to the King when he arrives in town. Enraged, Crespo orders the Captain to be arrested and jailed. The Clerk brings in two apprehended officers: Rebolledo and a disguised La Chispa. Crespo questions them about his daughter's rape, but they are hesitant to divulge any information. La Chispa reveals that she is pregnant, and therefore cannot be tortured for information.

At Crespo's house, Isabel laments her situation with Inés. Juan enters and draws his sword to kill his sister, but Crespo enters just in time to stop him. Knowing that it will save Juan from greater punishment in the future and desiring to be viewed as a fair and impartial judge, Crespo has his son arrested for wounding the Captain. Crespo then tells Isabel to sign a formal complaint against the Captain. Although Isabel does not want to make her situation public knowledge, her father advises her that as town mayor he must amend the situation through a public punishment.

Don Lope returns to the town as he has heard that there is a civil mayor wrongfully holding his captain prisoner. Crespo reveals that he himself is the mayor. The two argue, each claiming to have sole jurisdiction over the case. Don Lope reminds Crespo that all military cases must be tried through the military court. Crespo reminds Don Lope that the Captain invaded his personal life by usurping his daughter's honor.

The King, the supreme mediator, finally arrives. The King listens to Crespo's case and decides that the verdict is justified. He states, however, that Crespo has no authority to carry out the sentence as town mayor, and that the decision is really in the jurisdiction of the military court. Crespo states that the sentence has already been carried out and points to the corpse of the garroted Captain. Crespo defends his action by stating that all justice falls under the King's domain and is therefore unified in him as an instrument of the King. The King asks why the Captain was not beheaded since he was a nobleman, and Crespo says that the noblemen of the town are so well behaved that the executioner never learned how to behead a prisoner. The King claims the punishment to be justified and names Crespo as perpetual town mayor. Juan leaves for the military with Don Lope, and Crespo states that Isabel will live henceforth in a convent.

4. THEMES

Halkhoree stresses three main themes of *El alcalde de Zalamea*: honor, love, and justice. C.A. Jones describes how Calderón used the honor code of the time period as a dramatic device to explore other problems in society, which explains the interconnectedness of the themes. However, Halkhoree maintains that the concept of honor itself remains a significant theme in the play: Calderón does not reject the honor code, but he does reveal its limitations. Notably in *El alcalde de Zalamea*, Calderón opposes the contradicting definitions of honor: honor as social reputation versus honor as moral integrity. Honor as reputation in society is seen in examples such as Don Mendo's opposition to being the son-in-law of a lowly peasant as well as Pedro, Juan, and Isabel Crespo's desire to preserve the family honor after Isabel has been violated, evidenced in Pedro's lament as he is tied to the tree in the woods, Juan's attempt to kill his sister, and Isabel's willingness to be killed. Honor also may refer to a man's "innate nobility," epitomized in the character of Pedro Crespo: for example, he believes it improper for his daughter to hear the coarse language of the soldiers and sends her to hide in the attic, and he also acts as an accommodating host to Don Lope at their dinner.

The concepts of love and justice complicate the theme of honor in *El alcalde de Zalamea*. Love is seen in both its selfish and noble sides. Don Mendo and the Captain exemplify the former kind of selfish love: they claim to be in love with Isabel, but really only want to fulfill their lustful desires. Love in its more noble aspect is seen in the love between Crespo and his children Juan and Isabel, as well as in the mutual respect between Crespo and Don Lope. All of these "noble" relationships face crises when the theme of justice is brought into conflict with honor. For instance, in order to be just in his punishments as well as in order to protect Juan, the mayor Pedro Crespo must put his own son in prison. As mayor, Crespo must also expose the shame of his daughter Isabel by publicly announcing her rape in order that he may punish the Captain within the limits of the law, as his new position obliges him to do. Crespo must reach outside the boundaries as civil mayor and into military jurisdiction so he can regain his honor and quickly exact justice, but this action raises issues in his friendship with the military leader Don Lope. In these ways, the themes of love and justice in *El alcalde de Zalamea* not only complicate the theme of honor, but they are also complicated *by* the theme of honor.

5. STRUCTURE

Alexander Parker (1972) called attention to the intricate structure of *Alcalde* by sketching out his own detailed breakdown of the play's formal configuration. Parker found that each act of the play could be divided into six dramatic moments (not scenes), and that there is also a symmetrical internal structure within Act II. His results can be summarized as follows:

ACT I:

1) lines 1–137: Soldiers, Rebolledo and La Chispa

The theme of disorder is introduced through the atmosphere of military life. This section foreshadows the conflicts that will develop as the action unfolds.

2) lines 138–224: The Captain, Don Álvaro de Ataide

In spite of his high rank, Don Álvaro represents the worst elements of the military. He is a ruthless seducer of women; he is proud and scorns the villagers. He naturally believes that a peasant girl could never deserve him as her husband, regardless of her beauty.

3) lines 225–422: Don Mendo

Don Mendo represents the decadence of the idle *hidalgo*. Completely destitute, but proud to be a "pure Christian," he believes that his patent of nobility insures his honor, and he would rather die of hunger than work for a living.

4) lines 423–556: Pedro Crespo and his family

Pedro Crespo and his son exemplify the contrast between the noble and the working class: Mendo is poor, Crespo is wealthy because he works; Mendo is noble and honorable due to his patent of nobility, Crespo refuses to buy a patent of nobility because it would be false honor. The contrast presents two types of honor, being versus having.

5) lines 557–776: Presentation of the conflict

The conflict between peasants and soldiers begins. Two key thematic points are made: the respect that nobles should show to townspeople, and the respect that all men should show to women.

6) lines 777–end of Act I: Don Lope de Figueroa

Don Lope de Figueroa arrives and puts an end to the quarrel, thus restoring the key theme of law and order. As the representative of authority, Lope criticizes Crespo, thus defending the law, while Pedro Crespo defends the spirit of justice.

Act II:
1) lines 895–1076:

A1 (Disorder): Don Mendo, Don Álvaro and the soldiers spy on Isabel.

2) lines 1077–1284:

B1 (Order): Crespo, Don Lope, Isabel and Juan at dinner.

3) lines 1285–1396:

C1 (Conflict): After La Chispa's serenade, clash ensues between rival groups.

4) lines 1397–1505:

A2 (Disorder): Don Álvaro, soldiers and Don Mendo.

5) lines 1506–1687:

B2 (Order): Crespo's advice to Juan; friendly farewell between Crespo and Lope.

6) lines 1687–end of Act II:

C2 (Conflict): Isabel is abducted

ACT III:

1) lines 1788–1865: Isabel

The act opens with the dramatic climax of the play. Isabel's dishonor is revealed and she does not know what to do. This is Pedro Crespo's dilemma.

2) lines 1866–2135: Crespo and Isabel

Crespo's conflict increases in severity when he receives notice that he has been elected mayor of Zalamea. This limits his choices in how to resolve the situation, since he now has new responsibilities and is expected to act in accordance with the law.

3) lines 2136–2421: Crespo and the Captain

In this episode, Crespo is alone with the Captain and implores him to marry Isabel in order to resolve the injustice that he has done and thereby restore her honor.

4) lines 2422–2501: Crespo and Juan

The conflict becomes more complicated as Juan intends to resolve the situation by killing his sister Isabel. Furthermore, Juan is in danger because he wounded the Captain earlier. Pedro Crespo must find a way to protect his daughter from his son, protect his son from the law, and resolve the matter of the sexual assault of his daughter.

5) lines 2502–2638: Crespo and Don Lope

Upon the discovery that Pedro Crespo disobeyed his orders, Don Lope arranges to have his soldiers attack the town.

6) lines 2638–end of Act III: Crespo and the King

With the arrival of the King, order is restored. The attack is impeded, and Pedro is pardoned for his violent act.

While Parker's keen eye for Calderón's symmetry allows us to comprehend more fully the complexities of this play, David Darst has pointed out what he considers to be a "major error in this format" due to Parker's omission of the entrance of the *escribano* (Act III, lines 2096-2135),

> thereby neglecting to acknowledge Pedro Crespo's confrontation with the crucial problem of his new position as civil magistrate for the town of Zalamea. [...]This necessary change now creates a pattern of six personified 'problems' that Pedro Crespo faces and successfully resolves by the end of the play: his daughter Isabel, the *alcaldía*, Captain Álvaro de Ataide, his son Juan, Lope de Figueroa, and King Felipe II. In the finale, when Pedro Crespo and Felipe II stand face to face as equals, all the problems created in the play will have been resolved; and the *villano llano* at the beginning will have become the moral and judicial equal of Spain's supreme ruler. (Darst, *Pedro Calderón*). [Darst's reflection on Parker's analysis opens the door for greater comprehension and appreciation of the play's highly intricate structure.]

6. NOTES ON LANGUAGE

In his anthology of early modern Spanish drama, Raymond MacCurdy points out and gives examples of some of the most common examples of grammatical items specific to the *comedia* (12-13); this information is also available on the extremely useful website of the Association of Hispanic Classical Theater. As you begin to read, you will find that seventeenth-century Spanish is remarkably similar to today's usage. Nonetheless, there are lexical items that deserve explanation, since they have either disappeared entirely from modern Spanish or they are only rarely used. This section on language follows MacCurdy's grammar points, although I have omitted items that do not occur in *El alcalde de Zalamea*, and I have changed the examples that MacCurdy gives in order to make them specific to our play.

Spelling

There are many spelling variations throughout the play, most of which are glossed in the margin (all are included in the glossary). Examples include: *vitoria (victoria), demás (además), defeto (defecto), inorme (enorme), mesmo (mismo), agora (ahora).*

Articles

The definite article *el* is sometimes used before feminine nouns and adjectives beginning with unstressed *a-* or *ha-*, and occasionally before other initial vowels. This *el* is an old form of the feminine article, not the masculine. Example: *el acción*. The feminine indefinite article may be apocopated. Examples: *un hora, un gallina, un figura.*

Forms of address

It is proper to address the king as *Vuestra Majestad* (literally, "Your Majesty"), and that is how Felipe II is addressed in our play; in plays where other royals appear, they are addressed by *vuestra alteza* ("your highness"). The usual forms for formal address are *vuestra merced* and *vuesamerced* (the equivalent of modern *usted*). In our play, Juan addresses Don Lope de Ataide as *Vuexcelencia (vuestra excelencia)*. *Vos* and *tú* are used for informal or disrespectful address; however, in many plays *vos* and *tú* are used indiscriminately among equals and between master and servant, with no intention of disrespect and with no apparent change in attitude on the part of the speakers. *Vos* is also used for the familiar plural (the equivalent of modern *vosotros*). Since the use of a given form of address is often determined by stylistic or metrical considerations, no fixed rules can be given for their use.

Pronouns

The masculine direct object pronoun *le* is often used instead of *lo* to refer to things. Example: "No sienta tanto vusé / que cese el cántico ya: / mil ocasiones habrá / en lograrle." In this case, *le* refers back to *cántico*. This usage, known as *leísmo*, is quite common throughout Spain today, and is considered grammatically correct.

The feminine direct object pronoun *la(s)* is often used as an indirect object pronoun instead of *le(s)*. Example: "no hay hora, que no la envíe / recados." This practice, known as *laísmo*, is still quite common today in Spain, though it is considered incorrect.

The object pronoun may precede the affirmative imperative provided that the imperative does not begin the sentence. Example: "de haberos venido / me haced merced de contar."

Object and reflexive pronouns, which normally precede finite forms of the verb in modern usage except in highly elevated style, frequently follow the verb and are attached to it. Example: "Aténgome a la cebada."

Verbs

Archaic verb forms. Among the archaic verb forms which occur most frequently are: *habemos (hemos), vais (vayáis), fuérades (fuerais), ha (hace)*, Similar to this last case, other verbs may have the ending - *ades* instead of the modern -*ais*.

The second person plural of the preterite often ends in -*astes* instead of –*asteis*. Example: *quitastes*.

Singular verbs with plural subjects. When two or more subjects are closely related and viewed as a unit they may take a singular verb. Example: The stage direction between lines 100 and 101 reads as follows: "Canta Rebolledo y La Chispa." This construction also occurs, but probably less frequently, in modern Spanish.

The subjunctive is used after *como* meaning "provided that" or "if." Example: "el comisario irá dando / boletas, como llegando / fueren."

The future subjunctive, which has largely fallen into disuse in modern Spanish, is common. Example: "Mate moros quien quisiere."

The imperfect subjunctive is frequently used instead of the conditional tense, and in the result clause of sentences involving a condition contrary to fact (a fairly common practice in modern Spanish). Examples: "¡Tomáramos (= *preferiríamos*) que dejara / un poco del oro aparte!"; "yo no me dejara / engendrar, aunque él porfiase, / si no fuera de un hidalgo, / en el vientre de mi madre."

The imperfect subjunctive is also used for the pluperfect subjective in an if clause of implied negation and for the conditional perfect in the result clause. Example: "si hubiera comido / el mío cebolla, al instante / me hubiera dado el olor / y hubiera dicho..."

Present participle. The preposition *en* followed by the present participle (or gerund) is often used instead of *al* plus infinitive to denote simultaneity of action or to indicate that something happens after the completion of the action expressed by the participle. Example: "en llegando / de asiento" (= al establecerte en lugar fijo).

Adjectives

We find both the apocopated and the full forms of adjectives before a masculine singular noun: "gran soldado" and "primero tornillazo."

The objective possessive (genitive). The objective use of possessive adjectives is very common. Example: "Ya que yo, como justicia, / me valí de *su respeto*" (the respect which is owed to justice).

Prepositions

Personal *a*. The preposition *a* is frequently omitted before a personal direct object. Example: "los hombres como vos / han de amparar las mujeres."

Assimilation

The *r* in the infinitve ending frequently assimilates to the following *l* of an appended pronoun. Example: *sabello* (*saberlo*). The resulting *ll* is pronounced like any other *ll*, so that *sabello* rhymes with *cabello*.

7. PROSODY AND SCANSION

Spanish drama of the Golden Age is written in verse. Keep in mind that a line of poetry in Spanish is called a *verso* (not a *línea*). In order to scan a line or *verso* (i.e., to count the number of syllables), which helps us to analyze the poetic ryhythm, four things must be considered: (1) the final word of the line; (2) diphthong; (3) syneresis and synalepha; (4) hiatus and dieresis.

1.) The final word of the line determines whether it is (a) *verso agudo*, (b) *verso llano*, or (c) *verso esdrújulo*.

(a) A *verso agudo* ends with a *palabra aguda* or oxytone (i.e., word whose tonic or stressed syllable is the last syllable). An extra syllable is added to such lines.

Line 1906—"me robaron; bien a sí"—would be divided thus:

"me / ro / ba / ron; / bien / a / **sí**" = 7 + 1 = 8 syllables

(b) A *verso llano* ends with a *palabra llana* or paroxytone (i.e., word whose tonic or stressed syllable is the penultimate or second from last syllable). Such lines are counted normally.

Line 12—"rompernos estas cabezas?"—would be divided thus:

"rom / per / nos / es / tas / ca / **be** / zas" = 8 syllables

(c) A *verso esdrújulo* ends with a *palabra esdrújula*, (i.e., a word whose tonic or stressed syllable is the antipenultimate or third from last syllable), such words have an accent mark on the antepenultimate syllable. We subtract a syllable from such lines when scanning. (There are no *versos esdrújulos* in our play.)

The line "en su campaña cerúlea" would be divided thus:

"En / su / cam / pa / ña / ce / rú / le / a" = 9 - 1 = 8 syllables
(This line is from Calderón's auto sacramental titled *La vida es sueño*).

The reason that we add a syllable to *versos agudos* and subtract a syllable from *versos esdrújulos* is that the natural rhythm of Spanish is the *palabra llana* (e.g., *hablo, canto, salen*, etc.), words that give us a "beat" after the tonic vowel. In example (a) above, the line ends with the word *sí*, but we expect an extra beat (e.g., *sino*), which is actually there, like a silent beat in music. That silent beat is counted as a syllable. On the other hand, the *verso esdrújulo* has two "beats" after the tonic vowel, when the norm is just one. In example (c) above, the line ends with the word *cerúlea*, but we would expect the word to end without that last vowel (e.g., *cerule*). Because of this, there is an alternate way to count syllables, which is to count from the beginning of the line up to and including the tonic syllable of the last word, and then add 1 syllable. That extra syllable that is added is the "beat" that we expect after the tonic vowel. The result is the same. For example:

"sa / be / mi / Dios / si / se / rá" = 7 + 1 = 8 syllables
"rom / per / nos / es / tas / cab / ez / as" = 8 syllables
"En / su / cam / pa / ña / ce / rú / le / a" = 9 - 1 = 8 syllables

2.) A diphthong (*diptongo*) is the pronunciation of two vowels as one single syllable. These two vowels may be one strong vowel plus one weak vowel, or two weak vowels. The strong vowels are "a," "e," and "o." The weak vowels are "i" and "u." (Remember: "*You* and *I* are weak, everyone else is strong.")

Line 15—"el cansancio del camino"—would be divided thus:

"el / can / san / **cio** / del / ca / mi / no" = 8 syllables

3.) Synalepha and Syneresis
 (a) Synalepha (*sinalefa*) is the union of two or more successive vowels between two (sometimes three) words. It is considered the norm in Spanish verso since this is how spoken Spanish sounds:

Line 6—"para andar desta manera"—would be divided thus:

"pa / **ra an** / dar / des / ta / ma / ne / ra" = 8 syllables

(b) Syneresis (*sinéresis*) is the union of two vowels in the same word which are normally pronounced as two syllables.

Line 406--"pasearse en ella muy grave" would be divided thus:

pa / **sear** / se en / e / lla / muy / gra / ve = 8 syllables

4.) Hiatus and Dieresis
   (a) Hiatus (*hiato*) refers to the pronunciation in different syllables of two successive vowels in adjacent words. It is the opposite of synalepha. As Sloman notes in his edition of *La vida es sueño*, hiatus occurs:

1. when the initial vowel of the final word is stressed, and particularly when it bears the rhythmic accent of a line; and
2. when *y*, *u*, or *o* are intervocalic. The consonant *h* prevented synalepha only as long as, deriving from the Latin *f*, it will aspirate (Sloman, 100).

In line 366 — "Pues ¿qué habíais de hacer?" — we find a hiatus between *de* and *hacer* as per rule (2), since the Spanish *hacer* derives from the Latin *facere* and the *h* was therefore aspirated:

"Pues / qué ha / bí / ais / **de / ha** / cer" = 7+1 = 8 syllables

(b) Dieresis (*diéresis*) is the separation of a diphthong into two syllables: (huir > hü / ir; cruel > crü / el; etc.). Dieresis is usually signaled with two dots placed above the weaker vowel of the affected diphthong.

Line 434 — "el / vien / to en / e / llos / **sü / a** / ve" = 8 syllables

RHYME
There are two types of rhyme in Spanish verse: full rhyme or perfect

rhyme (*rima consonante* or *rima perfecta*) and vowel rhyme (*rima asonante*).

1. *Rima consonante*

When two words share the same vowels and consonants from the tonic vowel until the end of the word, we call this *rima consonante*. In lines 13-16 of our play, we find *rima consonante* between *pesar* and *lugar*, and between *imagino* and *camino*. Note how those words are identical from the tonic vowel until the end of the word:

> No muestres deso pes**ar**,   (a)
> si ha de olvidarse, imag**ino**,   (b)
> el cansancio del cam**ino**   (b)
> a la entrada del lug**ar**.   (a)

2. *Rima asonante*

When two words share the same vowels but different consonants, from the tonic vowel until the end of the word, we call this *rima asonante*. In lines 285-88 of our play there is *rima asonante* between *nace* and *padres*, since both share the same tonic vowel *a* as well as the rest of the vowels, which in this case is simply the *e*.

> Yo no digo esos principios:
> has de saber que el que n**ace**
> substancia es del alimento
> que antes comieron sus p**adres**.

Rima asonante can be a little tricky, since words like *tú* and *azul* rhyme this way, and sometimes diphthongs make it less evident that there is a rhyme. For example, in lines 513-16 of our play, the words *parte* and *aire* rhyme this way:

> Enmendar su vejación,
> remediarse de su p**arte**,
> y redimir las molestias

del sol, del hielo y del **aire**.

Since the *a* of *aire* is the strong vowel (see Diphthong above), this is the sound that stands out, and the one that is considered for purposes of rhyme scheme.

LINE AND STANZA FORMS

The most common forms of Spanish dramatic poetry consist of lines that contain either 7, 8, or 11 syllables:

7-syllable line	*heptasílabo*	heptasyllable
8-syllable line	*octasílabo*	octosyllable
11-syllable line	*endecasílabo*	hendecasyllable

These (and other) various lines are used to create diverse stanza forms, some with a fixed structure, others with a freer structure. In general terms, lines with 8 syllables or fewer are called *arte menor*, and lines with more than 8 syllables are called *arte mayor*. When showing rhyme scheme among lines, we designate rhyme among *versos de arte menor* with lower-case letters (see *rima consonante* above) and rhyme among *versos de arte mayor* with upper-case letters.

Before the Italian influence of the Renaissance impacted Spain's poetic taste, the octosyllabic forms were the most popular. These include the following forms, examples of which we find in our play:

8-syllable lines (octosílabos)

Romance (ballad): indeterminate series of octosyllables with vowel rhyme (*rima asonante*) in the even lines. In his celebrated *Arte nuevo de hacer comedias* (1609), Lope de Vega mentions that this is a good form for narrative or exposition (*relaciones*), used to describe actions that have taken place offstage, thus sharing important information with the audience. However, Lope himself contradicted many of his own "precepts" for writing plays. His generalizations on the use of meter should be understood as just that, generalizations. We see an example of this expository use of *romance* in lines 424-32 of *El alcalde de Zalamea* in Crespo's conversation with Juan:

> De las eras; que esta tarde,
> salí a mirar la labranza,
> y están las parvas notables
> de manojos y montones
> que parecen, al mirarse
> desde lejos, montes de oro
> y aun oro de más quilates,
> pues de los granos de aqueste
> es todo el cielo el contraste.

We call this a *romance en a-e*.

Redondillas: stanzas of four octosyllabic lines, with the following rhyme scheme: ABBA. Although Lope de Vega described this as a good form for love scenes, Calderón uses the *redondilla* otherwise; for example, in the conversation between Rebolledo and the soldiers in the beginning of Act I, lines 513-516, where they discuss the hardships of military life:

> Enmendar su vejación,
> remediarse de su parte,
> y redimir las molestias
> del sol, del hielo y del aire.

Quintillas: stanzas of five octosyllabic lines with various combinations of *rima consonante* with the following rules: 1) all five lines must rhyme among themselves; 2) no three consecutive lines may share the same rhyme; and 3) the last two lines may never have the same rhyme. The following example comes from Act II, lines 1412-1416:

> Sargento, vaya marchando   (a)
> antes que decline el día,   (b)

con toda la compañía,   (b)
y con prevención que cuando   (a)
se esconda en la espuma fría   (b)

Mixed Lines
Silva: unlimited number of *heptasílabos* (7-syllable lines) and *endecasílabos* (11-syllable lines) with a varyingscheme of *rima consonante*.

Pregunté a una criada   (a)
por ella, y respondióme que ocupada   (A)
su padre la tenía   (b)
en ese cuarto alto y que no había   (B)
de bajar nunca acá, que es muy celoso.   (C)

LIST OF METRIC STYLES USED IN *EL ALCALDE DE ZALAMEA*
In his excellent critical edition, Díez Borque (116) offers the following synopsis of metrical forms that occur in the play:

ACT I
1-212   *Redondillas*. This form is interrupted from line 101 to 112 by La Chispa's song; lines 101-104: *pareados;* lines 105-112: *romance en á.*
213-556   *Romance en a-e.*
557-680   *Silvas.*
681-894   *Romance en ó.*

ACT II
895-1284   *Romance en e-a.* This form is interrupted from lines 1231-1234 by the beginning of a *villancico* or carol.
1285-1320   *Redondillas.*
1321-1340   *Romance en u-e.* Lines 427-432 and 435-444 form part of a *jácara*, which is interrupted by Rebolledo's speech (unsung) which maintains the *rima asonante* of the *romance.*
1341-1396   *Redondillas.*

1397-1501	*Quintillas.*
1502-1505	*Redondilla* whose last line has only five (rather than eight) syllables; this is called *pie quebrado* (literally, "broken foot").
1506-1787	*Romance en i-o.*

ACT III

1788-2135	*Romance en i-a.*
2136-2191	*Redondillas.*
2192-2305	*Romance en e-o.*
2306-2625	*Redondillas.*
2626-2767	*Romance en á.*

The explanation of the formal elements discussed above is intended to give you a greater appreciation for Calderón's skilled craftsmanship as a dramatist and poet. As you read the play, think about what poetic forms Calderón chooses for particular moments, and why.

V. M.
April 2005

8. DISCUSSION QUESTIONS

- What are the various definitions of honor presented in the play? The characters in the play have very different views on honor, and their views often differ at different points in the play. What does Pedro Crespo view as honorable at the beginning of the play? What does he consider honorable at the end of the play? Do Isabel and Juan share their father's views on honor?

- In *El alcalde de Zalamea,* appearing noble and honorable is very important. How do Pedro Crespo and Don Lope attempt to accomplish this in their language and behavior the night of their dinner?

- *El alcalde de Zalamea* is a *tragecomedia,* a work that combines tragic and comic elements. What are some examples of the comic elements from this play? What is the function of characters like Don Mendo and Nuño?

- The father-son relationship of Pedro Crespo and Juan manifests itself at several points throughout the play. How does Pedro respond to his son's actions in the attic and why does Pedro respond the way he does when the Captain chastises Juan? How does Pedro say farewell to his son when Juan is leaving to join Don Lope? Why does Pedro have his son arrested at the end of the play?

- How does Pedro Crespo's selection as mayor change his situation? How will he maintain civil "justice" and also have personal "justice" for the affront on his honor?

- What is the function of the arrival of the king at the end of *El alcalde de Zalamea*? What is the king's reaction to Pedro Crespo's actions? Is order ultimately restored? What is Calderón saying about the politics of the time period?

- What are the different definitions of honor for men and for woman? What are Isabel's options after she has been dishonored?

- Another Spanish Golden Age playwright Lope de Vega maintained that his main concern was pleasing the public. What is Calderón's main concern in this play? Is he trying to present a moral? What is he saying about Spanish society of the seventeenth century?
- How would you visualize a production of *El alcalde de Zalamea*? How would you balance the tragic and comic elements of the work?

9. NOTE ON THE TEXT

This student edition is greatly indebted to the critical editions of the play listed in the select bibliography below. Those excellent editions clarify many of the obstacles that the target audience of this book may encounter, and I have attempted to bring all the relevant data into this present edition, without burdening the student with textual variants and other information that may not be as helpful for the target audience of this series. Edwin Honig's brilliant translation of the play has also proved vital for some of the footnotes included herein. I have kept in mind the philosophy of this collection and have attempted to prepare a useful tool for the classrom, or for the general reader of Spanish interested in delving into one of Spain's literary masterpieces.

Select Bibliography

1. CRITICAL EDITIONS

Calderón de la Barca, Pedro. *El alcalde de Zalamea*. Ed. P. N. Dunn. Oxford: Pergamon Press, 1966.

———. *El alcalde de Zalamea*. Ed. José María Díez Borque. Clásicos Castalia 82. Madrid: Castalia, 1976.

———. *El alcalde de Zalamea*. Ed. Domingo Ynduráin. Clásicos Universales Planeta 31. Barcelona: Planeta, 1982.

———. *El alcalde de Zalamea*. Ed. José Montero Reguera. Castalia Didáctica 38. Madrid: Castalia, 1996.

————. *El garrote más bien dado o El alcalde de Zalamea*. Ed. Ángel Valbuena Briones. Letras Hispánicas 67. Madrid: Cátedra, 1990.

————. *El garrote más bien dado o El alcalde de Zalamea*. Ed. Ángel Valbuena Briones. Salamanca: Anaya: 1971.

2. TRANSLATION

Calderón de la Barca, Pedro. *Six Plays*. Ed., trans., and intro. Edwin Honig. New York: Iasta Press, 1993.

3. CRITICISM

Aristotle. *Aristotle's Poetics*. Trans. S. H. Butcher. Intro. Francis Fergusson. New York: Hill and Wang, 1984.

Darst, David H. *Pedro Calderón de la Barca: El alcalde de Zalamea*. Department of Modern Languages and Linguistics, Florida State University. 2 April 2005. <http://www.modlang.fsu.edu/darst/alcalde.htm>.

————. "The Many Roles of Pedro Crespo." *Hispanic Essays in Honor of Frank P. Casa*. Ed. and Intro. Robert A. Lauer and Henry W. Sullivan. Ibérica 20. New York: Peter Lang, 1997. 224-32.

Dunn, P. N. "Patrimonio del alma." *Bulletin of Hispanic Studies* 41 (1964): 78-85.

Escudero Baztán, Juan M. *El alcalde de Zalamea: Edición crítica de las dos versiones (Calderón de la Barca y Lope de Vega, atribuida)*. Madrid & Frankfurt: Iberoamericana, Vervuert, 1998.

Fischer, Susan L. Fischer, Susan L. "*El garrote más bien dado o El alcalde de Zalamea*: Classical Theatre as It Ought to Be Performed." *Gestos* 6.12 (1991): 33-51.

Fothergill Payne, Louise. «Unas reflexiones sobre el duelo en honor y la deshonra de la mujer en *El alcalde de Zalamea*». *Octavo Coloquio Anglogermano, Bochum 1987 Hacia Calderón*. Ed. Hans Flasche. Stuttgart: Franz Steiner, 1988. 221-26.

Grammatical Usage (in the Spanish Comedia) as an Aid to Reading. Ed. Vern G. Williamsen and J. T. Abraham. 16 June 1995. Association of Hispanic Classical Theater. 2 April 2005. <http://www.coh.arizona.edu/spanish/comedia/misc/grammar.html>.

Halkhoree, P. *Calderón de la Barca: El alcalde de Zalamea*. Critical Guides to Spanish Texts 5. London: Grant & Cutler, 1972.

Honig, Edwin. *Calderón and the Seizures of Honor*. Cambridge, Mass.: Harvard UP, 1972.

Jones, C. A. "Honor in *El alcalde de Zalamea*." *Modern Language Review* 50 (1955): 444-49.

Kersten, Raquel. «*El alcalde de Zalamea* y su refundición por Calderón». *Homenaje a Casalduero: Crítica y poesía.* Ed. Rizel Pincus Sigele, et al. Madrid: Gredos, 1972. 263-73.

Lauer, A. Robert. «*El alcalde de Zalamea* y la comedia de villanos». *El escritor y la escena III: Estudios en honor de Francisco Ruiz Ramón. Actas del III Congreso de la Asociación Internacional de Teatro Español y Novohispano de los Siglos de Oro (9-12 de marzo de 1994, Ciudad Juárez).* Ed. Ysla Campbell. Ciudad Juárez: Univ. Autonoma de Ciudad Juárez, 1995. 135-42.

―――. «Contaminación y purificación en *El alcalde de Zalamea*». *Anthropos* 1 (1997): 102-07.

Lewis Smith, Paul. "Calderón's *El alcalde de Zalamea*: A Tragedy of Honour." *Forum for Modern Language Studies* 28.2 (1992): 157-72.

MacCurdy, Raymond R., ed. *Spanish Drama of the Golden Age: Twelve Plays.* New York: Appleton-Century-Crofts, 1971.

Martin, Vincent. *Calderón (1600-1681).* Biblioteca Filosófica. Filósofos y Textos 111. Madrid: Ediciones del Orto, 2000.

―――. "Introduction." Calderón de la Barca, Pedro. *La vida es sueño.* Ed. Vincent Martin. Spanish Classics 10. Newark, Del.: Cervantes & Co, 2003.

Morón Arroyo, Ciriaco. *Calderón. Pensamiento y teatro.* 2nd rev. ed. Santander: Sociedad Menéndez Pelayo, Caja Cantabria, 2000.

―――. «*La vida es sueño* y *El alcalde de Zalamea*: Para una sociología del teatro calderoniano». *Iberoromania* 14 (1981): 27-41.

Parker, Alexander A. "La estructura dramática de *El alcalde de Zalamea*." *Homenaje a Casalduero: Crítica y poesía.* Ed. Rizel Pincus Sigele, et al. Madrid: Gredos, 1972. 411-18.

―――. "The Spanish Drama of the Golden Age: A Method of Analysis and Interpretation." *The Great Playwrights.* Vol. 1. Ed. Eric Bentley. Garden City, NY: Doublday, 1970. 679-707.

―――. "Towards a Definition of Calderonian Tragedy." *Bulletin of Hispanic Studies* 39 (1962): 222-37.

Peristiany, J. G., ed. *Honour and Shame: The Values of Mediterranean Society.* London: Weidenfeld and Nicolson, 1966.

Regalado, Antonio. *Calderón. Los orígenes de la modernidad en la España del Siglo de Oro.* Ensayos Destino 22/23. Barcelona: Destino, 1995.

Shergold, N. D. *A History of the Spanish Stage from Medieval Times until the End of the Seventeenth Century.* Oxford: Clarendon Press, 1967.

Sloman, Albert E. *The Dramatic Craftsmanship of Calderón: His Use of Earlier Plays.* Oxford: Dolphin, 1958.

Ter Horst, Robert. "The poetics of Honor in Calderón's *El alcalde de Zalamea.*" *MLN* 96 (1981): 286-315.

Wardropper, Bruce W., ed. *Critical Essays on the Theatre of Calderón.* New York: NYU Press, 1965.

El alcalde de Zalamea

PERSONAS:

EL REY FELIPE SEGUNDO.
DON LOPE DE FIGUEROA.
DON ÁLVARO DE ATAIDE, capitán.
UN SARGENTO.°   sergeant
REBOLLEDO.
LA CHISPA.
PEDRO CRESPO, labrador° viejo.   peasant
JUAN, hijo de Pedro Crespo.
ISABEL, hija de Pedro Crespo.
INÉS, prima de Isabel.
DON MENDO, hidalgo°   low-ranking
NUÑO, su criado.°   nobleman;
UN ESCRIBANO,° SOLDADOS, LABRADORES.   servant; clerk

Primera jornada

Salen REBOLLEDO, LA CHISPA y SOLDADOS.[1]

REBOLLEDO	¡Cuerpo de Cristo con[2] quien	
	desta suerte° hace marchar	**de esta manera**
	de un lugar° a otro lugar	small village
	sin dar un refresco!°	snack
TODOS	Amén.	
5 REBOLLEDO	¿Somos gitanos° aquí,	gypsies

---

[1] **Salen...** The stage directions **salir** and **irse** mean *enter* and *exit*, respectively. As is typical in the theater of this period, Calderón uses the stage direction **vase** (singular) or **vanse** (plural) when characters leave the stage.

[2] **Cuerpo...** *To hell with.* The play begins with this irreverent exclamation in order to capture the audience's attention as well as to underscore the military atmosphere (soldiers swearing, etc.).

		para andar desta manera? ¿Una arrollada bandera[3] nos ha de llevar tras° sí, con una caja...°	behind drum
	SOLDADO 1	¿Ya empiezas?	
10	REBOLLEDO	...que este rato° que calló, nos hizo merced° de no rompernos estas cabezas?	moment favor
	SOLDADO 2	No muestres deso° pesar,°	**de eso**, grief
15		si ha de olvidarse, imagino, el cansancio° del camino a la entrada del lugar.	fatigue
	REBOLLEDO	¿A qué entrada, si voy muerto? Y aunque llegue vivo allá, sabe mi Dios si será	
20		para alojar;° pues es cierto llegar luego al comisario[4] los alcaldes° a decir que si es que se pueden ir, que darán lo necesario;	rest mayors
25		responderles, lo primero, que es imposible, que viene la gente muerta... y si tiene el Concejo° algún dinero, decir: "Señores, soldados,	town council
30		orden hay que no paremos; luego 'al instante° marchemos." Y nosotros, muy menguados,° obedecer al instante a orden que es, en caso tal,°	immediately exhausted such
35		para él, orden monacal, y para mí, mendicante.[5]	

---

[3] **arrollada bandera** *furled flag*. The image of carrying a furled flag can be seen as anti-heroic and anti-jingoistic, a sign and myth of the imperialist campaigns (Díez Borque 119).

[4] **comisario** *commissioner*. Part of the commissioner's duty was to find lodging for the troops.

[5] **a orden... Orden** signifies both *command* and *religious order*. This play on words demonstrates the opposition felt between the monastic (**monacal**) order (luxury and accumulation of riches in the monasteries) and the mendicant (**mendicante**) order (much poorer, without possessions and dependent on alms). As Dunn explains, "the order to move on would

	Pues ¡voto a Dios!° que si llego	God damn it!
	esta tarde a Zalamea	
	y pasar de allí desea	
40	por diligencia o por ruego,°	one way or an-
	que ha de ser sin mí la ida;°	other; departure
	pues no, con desembarazo,°	surely
	será el primero tornillazo°	desertion
	que habré yo dado en mi vida.	
45	SOLDADO 1 Tampoco será el primero	
	que haya la vida costado	
	a un miserable soldado;	
	y más hoy, si considero	
	que es el cabo° desta gente	head of army
50	don Lope de Figueroa,⁷	
	que si tiene tanta loa°	praise
	de animoso° y de valiente	courageous
	la tiene también de ser	
	el hombre más desalmado,°	cruel
55	jurador° y renegado°	foul-mouthed,
	del mundo, y que sabe hacer	slanderous
	justicia del más amigo,	
	sin fulminar el proceso.°	bringing the
		case to an end
	REBOLLEDO ¿Ven vustedes⁸ todo eso?	
60	Pues yo haré lo que yo digo.	
	SOLDADO 2 ¿De eso un soldado blasona?°	boasts
	REBOLLEDO Por mí, muy poco me inquieta,⁹	
	sino por esa pobreta°	prostitute
	que viene tras la persona.°	me
65	LA CHISPA Seor° Rebolledo, por mí	**Señor**
	vuecé no se aflija,° no;	do not get upset

---

give comfort to the *comisario* (because the village would have bribed him to take his soldiers away), while the soldiers would still be as wretched as begging friars" (124).

⁶ **Zalamea de la Serena**, a town in the province of Badajoz (Extremadura), near the Portuguese border. The soldiers are on their way to Portugal to enforce Felipe II's annexation of that kingdom (Dunn 124).

⁷ **Don Lope de Figueroa** (1520-1595) A famous Spanish general from Valladolid who has become part legendary and appears in several works of Spanish literature.

⁸ **Vusted(es)**, is derived from *vuestra merced*.

⁹ **muy poco...** *it worries me very little.*

		que bien se sabe que yo	
		barbada el alma° nací,	with manly cour-
		y este temor me deshonra;°	age; fear insults
70		pues no vengo yo a servir	me
		menos que para sufrir	
		trabajos° con mucha honra;	hardships
		que para estarme, en rigor,°	in reality
		regalada,° no dejara	pampered
75		en mi vida, cosa es clara,	
		la casa del regidor,°	councilman
		donde todo sobra,[10] pues	
		al mes mil regalos vienen;	
		que hay regidores que tienen	
80		menos regla con el mes;[11]	
		y pues a venir aquí	
		a marchar y a perecer°	suffer hardships
		con Rebolledo, sin ser	
		postema,° me resolví,	nuisance
85		por mí ¿en qué duda o repara?[12]	

| REBOLLEDO | ¡Viven los cielos,° que eres | heavens |
| | corona° de las mujeres! | queen |

| SOLDADO 2 | Aquesa° es verdad bien clara. | **esa** |
| | ¡Viva La Chispa! | |

	REBOLLEDO	¡Reviva!	
90		Y más, si, por divertir	
		esta fatiga de ir	
		cuesta abajo y cuesta arriba,	
		con su voz el aire inquieta	
		una jácara[13] o canción.	

95	LA CHISPA	Responda a esa petición	
		citada° la castañeta.°	aforementioned,
			sound of castane

---

[10] **donde...** *where there is more than enough of everything.*

[11] **que tienen...***who are rather lavish.* Dunn explains that **el mes** can mean "the monthly pay"; **tener menos regla** means "to relax control." In this sense, the *regidores* "are strict with the villagers but lax with the accounts." There is also a play on words between **regla** as menstrual cycle and **mes**, the regularity of the cycle. This pun suggests the frequency with which councilmen were negligent in their duties (i.e., every month).

[12] **¿En qué...** *what does he have to doubt or deliberate on?*

[13] **jácara** A ballad in which the adventures of a **jaque** (hooligan or thief) are sung.

REBOLLEDO	Y yo ayudaré también.	
	Sentencien los camaradas° todas las partes citadas.	comrades
SOLDADO 1	¡Vive Dios, que han dicho bien!	

100

Canta REBOLLEDO *y* LA CHISPA.

LA CHISPA	*Yo soy tiritiritaina,*[14] *flor de la jacarandaina.*[15]	
REBOLLEDO	*Yo soy tiritiritina,* *flor de la jacarandina.*	
LA CHISPA	*Vaya a la guerra el alférez,°* *y embárquese° el capitán.*	lieutenant set sail
REBOLLEDO	*Mate moros° quien quisiere* *que a mí no me han hecho mal.*	Moors
LA CHISPA	*Vaya y venga la tabla*[16] *al horno,°* *y a mí no me falte° pan.*	oven let me not lack
REBOLLEDO	*Huéspeda,° máteme una gallina;°* *que el carnero*[17] *me hace mal.*	hostess, hen
SOLDADO 1	¡Aguarda!° que ya me pesa —que íbamos entretenidos° en nuestros mismos oídos—° caballeros, de ver esa torre,[18] pues es necesario que donde paremos sea.	Wait! entertained ears
REBOLLEDO	¿Es aquélla Zalamea?	
LA CHISPA	Dígalo su campanario.° No sienta tanto vusé que cese el cántico° ya:	bell tower song

105

110

115

120

---

[14] **Tiritirtaina** and **tiritiritina** are onomatopoeic words.
[15] **Jacarandaina** and **jacarandina** signify the gathering of **jaques.**
[16] **tabla** board used to carry bread to the oven.
[17] **carnero** *sheep.* It is probably not the mutton that makes Rebolledo ill, but rather the sight of the animal's horns, which symbolize cuckoldry.
[18] **torre** *tower.* Refers to the famous tower of Zalamea that was constructed on the tomb of the Roman emperor, Trajan (A.D. 53?-117).

		mil ocasiones habrá	
		en lograrle,[19] porque	
125		esto me divierte tanto,	
		que como de otras no ignoran	
		que a cada cosica° lloran,	cosita
		yo a cada cosica canto,	
		y oirá ucé jácaras ciento.	

| 130 | REBOLLEDO | Hagamos aquí alto,° pues | stop |

Hagamos aquí alto,° pues
justo, hasta que venga, es,
con la orden el sargento,
por si hemos de entrar marchando
o en tropas.[20]

SOLDADO 1   Él solo es quien
135   llega agora;° mas también   **ahora**
el capitán esperando
está.

Sale el CAPITÁN *y el* SARGENTO.

CAPITÁN   Señores soldados,
albricias[21] puedo pedir:
de aquí no hemos de salir
140   y hemos de estar alojados°   lodged
hasta que don Lope venga
con la gente que quedó
en Llerena;[22] que hoy llegó
orden de que se prevenga°   make prepara-
toda y no salga de aquí   tions
145   a Guadalupe,[23] hasta que
junto todo el tercio° esté;   regiment
y él vendrá luego. Y así,
del cansancio bien podrán
150   descansar algunos días.

REBOLLEDO   Albricias pedir podías.

---

[19] **lograrle** *to enjoy it* (the **cántico**). This is an example of leísmo, where "le" is used as a direct object pronoun in place of "lo." See introduction.

[20] **marchando...** *in ranks, or without formation.*

[21] **albricias** Gift given to the bearer of good news.

[22] **Llerena** A town in Badajoz, about 60 kilometers southwest of Zalamea.

[23] **Guadalupe** A small town in the province of Cáceres famous for its monastery, it is located about 100 kilometers north of Zalamea.

	TODOS	¡Vítor° nuestro capitán!	Hooray for!
	CAPITÁN	Ya está hecho el alojamiento:	
		el comisario irá dando	
155		boletas,[24] como llegando	
		fueren.	
	LA CHISPA	Hoy saber intento	
		por qué dijo, ¡voto a tal!,°	by God!
		aquella jacarandina:	
		"Huéspeda, máteme una gallina,	
160		*que el carnero me hace mal."*	

Vanse todos y quede el CAPITÁN *y* SARGENTO.

	CAPITÁN	Señor sargento, ¿ha guardado	
		las boletas para mí,	
		que me tocan?°	correspond to me
	SARGENTO	Señor, sí.	
	CAPITÁN	¿Y dónde estoy alojado?	
165	SARGENTO	En la casa de un villano[25]	
		que el hombre más rico es	
		del lugar, de quien después	
		he oído que es el más vano°	vain
170		hombre del mundo, y que tiene	
		más pompa y más presunción°	vanity
		que un infante° de León.[26]	prince
	CAPITÁN	¡Bien a un villano conviene°	suits
		rico aquesa vanidad!	
	SARGENTO	Dicen que ésta es la mejor	
175		casa del lugar, señor;	
		y si va a decir verdad,°	to tell you the truth
		no tanto porque lo sea,	

---

[24] **boletas** The certificates of occupancy that soldiers would hand in for lodging in the house that their superiors had assigned to them.

[25] **villano** *peasant.* Inhabitant of a town or small village who is of a low social class, meaning not a member of the nobility, of the clergy or of the military.

[26] As the oldest medieval kingdom in Spain, León was associated with snobbery and pride in ancient lineage.

como porque en Zalamea
no hay tan bella mujer...

180   CAPITÁN   Di.

      SARGENTO   ...como una hija suya.

      CAPITÁN   Pues
por muy hermosa y muy vana,
¿será más que una villana
con malas manos y pies? [27]

185   SARGENTO   ¿Que haya en el mundo quien diga
eso?

      CAPITÁN   ¿Pues no, mentecato?°   idiot

      SARGENTO   ¿Hay 'más bien° gastado rato   better
—a quien amor no le obliga,
sino ociosidad° no más—   idleness
190   que el de una villana, y ver
que 'no acierta a° responder   she doesn't hap-
'a propósito° jamás?   pen; opportu-
                                               nely

      CAPITÁN   Cosa es que, en toda mi vida,
ni aun de paso me agradó;[28]
195   porque en no mirando yo
aseada° y bien prendida°   clean, adorned
una mujer, me parece
que no es mujer para mí.

      SARGENTO   Pues para mí, señor, sí,
200   cualquiera que se me ofrece.
Vamos allá, que por Dios,
que 'me pienso entretener°   I feel like amusing
con ella.   myself

      CAPITÁN   ¿Quieres saber
cuál dice bien de los dos?

---

[27] ValbuenaBriones offers the following comment on these lines: "don Álvaro no puede concebir, dados sus prejuicios de clase social, el hecho que una labradora pueda ser discreta, aseada y hermosa. La actitud desdeñosa del capitán contrastará con el desarrollo de la pasión por la moza" (1990, 66).

[28] **ni aun...** *not even in passing have I found one woman that I liked.*

205	El que una belleza adora,	
	dijo, viendo a la que amó:	
	"aquélla es mi dama,"° y no:	noblewoman
	"aquélla es mi labradora."°	servant
	Luego, si dama se llama	
210	la que se ama, claro es ya	
	que en una villana está	
	vendido° el nombre de dama.	betrayed
	—Mas ¿qué ruido es ése?	

SARGENTO   Un hombre

	que de un flaco rocinante[29]	
215	a la vuelta de esa esquina°	corner
	'se apeó,° y en 'rostro y talle°	dismounted;
	parece aquel don Quijote	face and build
	de quien Miguel de Cervantes	
	escribió las aventuras.[30]	

220   CAPITÁN   ¡Qué figura[31] tan notable!

SARGENTO   Vamos, señor; que ya es hora.

	CAPITÁN Lléveme el sargento antes	
	a la posada° la ropa	house
	y vuelva luego a avisarme.	
	[*Vanse.*]	

Sale MENDO, *hidalgo de figura, y* NUÑO.

DON MENDO   ¿Cómo va el rucio?°   gray horse

225	NUÑO Rodado,[32]	
	pues no puede menearse.°	get going

DON MENDO   ¿Dijiste al lacayo,[33] di,
que un rato le pasease?

---

[29] **rocinante** Used as a reference to the horse of don Quijote. **Rocinante** has the same meaning as *rocín,* which is a nag or hack.

[30] *D*

[31] **figura** means both a grotesque figure and a buffoon.

[32] **Rodado** means both *spotted* and *fallen* (rolled over on his back due to starvation).

[33] **lacayo** *lackey.* In calling his servant a lackey, don Mendo is showing the prejudices between social classes and his status as an aristocrat, by which which he will be characterized by, even though he is only an impoverished **hidalgo** (Díez Borque 136).

NUÑO ¡Qué lindo pienso![34]

DON MENDO No hay cosa
que tanto a un bruto° descanse. — beast

NUÑO Aténgome a la cebada.[35]

DON MENDO ¿Y que a los galgos° no aten,°
dijiste? — greyhounds, tie up

NUÑO Ellos se holgarán,°
mas no el carnicero.° — will celebrate, butcher

DON MENDO ¡Baste!° — Enough!
y pues que han dado las tres,
cálzome palillo y guantes.[36]

NUÑO ¿Si te prenden° el palillo — set fire to
por palillo falso?

DON MENDO Si alguien,
que no he comido un faisán,° — pheasant
dentro de sí imaginare,
que allá dentro de sí miente,
aquí y en cualquiera parte
le sustentaré.[37]

NUÑO ¿Mejor
no sería sustentarme° — feed me
a mí, que al otro?° que en fin — somebody else
te sirvo.

DON MENDO ¡Que necedades!° — nonsense
En efecto ¿que han entrado
soldados aquesta° tarde — **esta**
en el pueblo?

NUÑO Sí, señor.

---

[34] **¡Qué lindo...** *Oh, that's great food for the horse!*
[35] **Aténgome a ...** *I'll stick with the barley.* Nuño ironically explains that the horse needs food, not exercise.
[36] **cálzome palillo...** *to use a toothpick* (**palillo**) *and to put on gloves* (**guantes**). The toothpick is a symbol of having eaten well and the gloves are a symbol of nobility.
[37] **le sustentaré** *I will maintain it (i.e., that he is a liar) against him by force of arms.*

250	DON MENDO	Lástima da el villanaje con los huéspedes que espera. [38]
	NUÑO	Más lástima da y más grande con los que no espera...
	DON MENDO	¿Quién?
	NUÑO	...la hidalguez.° Y no te espante,° — low-ranking nobility, frighten; que si no alojan, señor, en cas° de hidalgos a nadie, — casa ¿por qué piensas que es?
255		
	DON MENDO	¿Por qué?
	NUÑO	Porque° no se mueran de hambre. — Para que
260	DON MENDO	En buen descanso° esté el alma — rest de mi buen señor y padre, pues en fin me dejó una ejecutoria° tan grande, — patent of nobility pintada de oro y azul, exención° de mi linaje.[39] — exemption
265	NUÑO	¡Tomáramos° que dejara — we would prefer un poco del oro aparte!
270	DON MENDO	Aunque, si 'reparo en° ello — consider y si va a decir verdades, no tengo que 'agradecerle° — to thank him; I was de que hidalgo me engendrase,° — bred porque yo no me dejara engendrar, 'aunque él porfiase,° — even if he persisted si no fuera de un hidalgo, en el vientre° de mi madre. — womb

---

[38] **Lástima...** *I feel sorry for the peasants who are waiting for their guests.* Mendo pities the villagers whose obligation it is to provide lodging for the soldiers who pass through their town in times of war. The upper classes were exempt from such impositions.

[39] **pintada de ...** Díez Borque points out that Pedro Crespo's symbols of wealth are also gold and blue, as we shall see in lines 429ff. This wealth gives rise to his "*nobleza natural,* es decir, su dignidad u honra horizontal frente a la honra como concepto de clase y herencia nobiliaria que mantienen don Mendo, el Capitán, don Lope, etc."(141).

275	NUÑO	Fuera de saber difícil.	
	DON MENDO	No fuera, sino muy fácil.	
	NUÑO	¿Cómo, señor?	
	DON MENDO	Tú, en efeto,°	**efecto**
		filosofía[40] no sabes;	
		y así ignoras° los principios.[41]	you do not know
280	NUÑO	Sí, mi señor, y los antes	
		y postres,° desde que como	desserts
		contigo; y es que, al instante,	
		mesa divina es tu mesa,[42]	
		sin medios, postres ni antes.	
285	DON MENDO	Yo no digo esos principios:	
		has de saber que el que nace	
		substancia es del alimento°	food
		que antes comieron sus padres.	
	NUÑO	¿Luego tus padres comieron?	
290		Ésa maña no heredaste.[43]	
	DON MENDO	Esto después se convierte	
		en su propia ˈcarne y sangre;°	flesh and blood
		luego, si hubiera comido	
		el mío cebolla,[44] al instante	
295		me hubiera dado el olor[45]	
		y hubiera dicho yo, "Tate,	
		que no me está bien hacerme	
		de excremento semejante."[46]	

---

[40] **filosofía** In the broad sense, which included the natural sciences.

[41] **principios** The basic principles of philosophy; also, the main course of a meal. This gives rise to Mendo's food-related puns.

[42] **mesa divina...** May refer to the altar and to the bread and wine of the eucharist.

[43] **¿Luego tus...** *Then your parents ate? You didn't inherit that skill.* Nuño is mocking don Mendo. Cruel jokes like these could be made about the lower-ranking nobles, but the criticism of nobility as an institution, or the criticism of the vices and faults of the higher levels of nobility, was not allowed.

[44] **cebolla** *onion.* Onions and garlic were considered peasant foods.

[45] **me hubiera...** *the smell would have hit me.*

[46] **Tate...** *Stop! It's not right to make me out of that kind of shit!*

NUÑO	Ahora digo que es verdad…	
DON MENDO	¿Qué?	
300 NUÑO	…que adelgaza el hambre los ingenios.[47]	
DON MENDO	Majadero,°	idiot
	¿téngola yo?	
NUÑO	No te enfades;°	get angry
	que si no la tienes, puedes tenerla, pues de la tarde	
305	son ya las tres, y no hay greda[48] que mejor las manchas° saque,	stains
	que tu saliva y la mía.	
DON MENDO	Pues ésa ¿es causa bastante para tener hambre yo?	
310	Tengan hambre los gañanes,°	farmhands
	que no somos todos unos; que a un hidalgo no le hace falta el comer.	
NUÑO	¡Oh, quién fuera	
	hidalgo!	
DON MENDO	Y más no me hables	
315	desto,° pues ya de Isabel vamos entrando en la calle.	**de esto**
NUÑO	¿Por qué, si de Isabel eres	
	tan firme y rendido° amante,	devoted
	a su padre no la pides?	
320	Pues con esto, tú y su padre remediaréis de una vez	
	entrambas° necesidades:	both
	tú comerás, y él hará	
	hidalgos sus nietos.°	grandchildren

---

[47] **que adelgaza…** *Hunger sharpens one's wits.* There is a play on words since **adelgazar** also means *to lose weight.*

[48] **greda** A type of clay that was used to wash cloth and wool, to remove stains from clothes, etc. The clay is very dry and for this reason is compared here to the dry mouths of the master and his servant, a sign that they have not eaten.

DON MENDO	No hables	
325	más, [Nuño], calla. ¿Dineros	
	tanto habían de postrarme°	surrender
	que a un 'hombre llano° por fuerza	commoner
	había de admitir...?	

NUÑO	Pues antes	
	pensé que ser hombre llano,°	straightforward
330	para suegro,° era importante;	father-in-law
	pues de otros dicen que son	
	tropezones° en que caen	blunders
	los yernos.° Y si no has	sons-in-law
	de casarte, ¿por qué haces	
335	tantos extremos° de amor?	extravagant der strations

DON MENDO	¿Pues no hay, sin que yo me case,[49]	
	Huelgas en Burgos,[50] adonde	
	llevarla, cuando 'me enfade?°	I tire of her
	Mira si acaso la ves.	

340 NUÑO	Temo, si acierta a mirarme	
	Pedro Crespo...	

DON MENDO	¿Qué ha de hacerte,
	siendo mi criado, nadie?
	Haz lo que manda tu amo.[51]

NUÑO	Sí haré, aunque no he de sentarme
	con él a la mesa.

345 DON MENDO	Es propio	
	de los que sirven, refranes.°	proverbs

NUÑO	Albricias, que con su prima,	
	Inés a la reja° sale.	window grille

DON MENDO	Di que por el bello horizonte,

---

[49] **sin que...** *without me getting married.*

[50] **Monasterio de Santa María la Real de las Huelgas** A famous Cistercian monastery in Burgos. It was founded by Alfonso VIII in 1187 and was intended for receiving nuns. With these words, Don Mendo demonstrates his vanity and pride of class. He also reveals his intention to send Isabel to a convent when he is done with her.

[51] **Haz lo que...** *Do what your master says.* The first part of the proverb *Haz lo que tu amo manda y siéntate con él a la mesa.*

350   'coronado de diamantes,°   crowned with
                hoy repitiéndose el sol,   diamonds
                amanece° por la tarde.[52]   rises

Salen a la ventana ISABEL *y* INÉS, *labradoras.*

INÉS   'Asómate a° esa ventana,   Look out of
                prima; así el cielo te guarde.[53]
355   Verás los soldados que entran
                en el lugar.

ISABEL   'No me mandes°   don't tell me
                que a la ventana me ponga,
                estando este hombre en la calle,
                Inés, pues ya en cuánto el verle
360   en ella me ofende, sabes.[54]

INÉS   En notable tema° ha dado   obsession
                de servirte y festejarte.°   woo you

ISABEL   No soy más dichosa° yo.   happy

INÉS   A mi parecer, mal haces
365   de hacer sentimiento desto.

ISABEL   Pues ¿qué habías de hacer?

INÉS   Donaire.°   joke

ISABEL   ¿Donaire de los disgustos?°   troubles

DON MENDO   Hasta aqueste mismo instante obstinarse
                'jurara yo,° a fe de hidalgo,   I would swear
                —que es juramento° inviolable—   an oath
370   que no había amanecido;
                mas, ¿qué mucho que lo extrañe,
                hasta que a vuestras auroras
                segundo día les sale?[55]

---

[52] **Di que por...** Don Mendo is comparing Isabel to the sun in order to praise her beauty. When Isabel comes to the window it is like the sun rising.

[53] **así el...** *let heaven keep an eye on you.*

[54] **pues...** *you know how I loathe the very sight of him on my street.*

[55] **¿que mucho...** *is it any wonder that I am amazed to see a second day dawn out of your twin auroras?*

375 ISABEL	Ya os he dicho muchas veces, señor Mendo, cuán 'en balde° gastáis finezas° de amor, locos extremos de amante haciendo todos los días	in vain flattery
380	en° mi casa y en mi calle.	in front of

DON MENDO	Si las mujeres hermosas supieran, cuánto las hace más hermosas el enojo, 'el rigor, desdén y ultraje,° en su vida gastarían	severity, scorn, and insult
385	más afeite,° que enojarse. Hermosa estáis, por mi vida. Decid, decid más pesares.°	cosmetics sorrows

ISABEL	Cuando no baste el decirlos,	
390	don Mendo, el hacerlos baste de aquesta manera. — Inés, éntrate acá dentro; y 'dale con° la ventana en los ojos.	hit him with

[Vase.]

INÉS	Señor 'caballero andante,°	knight errant
395	que de aventurero entráis siempre en lides° semejantes, porque de mantenedor[56] no era para vos tan fácil, 'amor vos provea.°	battles may love keep you

[Vase.]

DON MENDO	Inés,	
400	las hermosuras se salen con cuanto ellas quieren. –Nuño.	

NUÑO	¡Oh, qué desairados° nacen todos los pobres!	scorned

Sale PEDRO CRESPO, labrador.

CRESPO	*[Aparte.]* (¡Que nunca entre y salga yo en mi calle,	

---

[56] **mantenedor** This word has a double meaning. In the first sense, it refers to the promoter of a joust, tournament or some other type of public competition. In the second sense, it refers to someone who provides food.

405		que no vea a este hidalgote[57] pasearse en ella muy grave!°)	solemnly
	NUÑO	[*A su amo.*] Pedro Crespo viene aquí.	
	DON MENDO	Vamos por estotra° parte, que es villano malicioso.	esta otra

Sale JUAN.

	JUAN	[*Aparte.*] (¡Que siempre que venga, halle°	I find
410		esta fantasma° a mi puerta, calzado de frente y guantes!)[58]	braggart
	NUÑO	[*A don Mendo.*] Pero acá viene su hijo.	
	DON MENDO	[*A Nuño.*] No te turbes ni embaraces.[59]	
415	CRESPO	[*Aparte.*] (Mas Juanico viene aquí.)	
	JUAN	[*Aparte.*] (Pero aquí viene mi padre.)	
	DON MENDO	[*A Nuño.*] (Disimula.°) Dios os guarde.[60]	pretend
	CRESPO	Dios os guarde.	

Vanse don MENDO y NUÑO.

	CRESPO	Él ha dado en porfiar°	pester
420		y alguna vez he de darle de manera que 'le duela.°	it hurts him
	JUAN	Algún día he de enojarme. —¿De adónde bueno, señor?[61]	
	CRESPO	De las eras;° que esta tarde,	threshing floors
		salí a mirar la labranza,°	cultivation
425		y están las parvas° notables	heaps of grain

---

[57] **hidalgote** The suffix **–ote** gives the word a negative connotation.
[58] **calzado de…** *sporting his hat and gloves.*
[59] **No te turbes…** *Do not be upset or worried.*
[60] **Dios os guarde** *May God be with you.* This greeting is appropriate when addressing one's inferiors. Don Mendo is offended by Crespo when he responds with the same greeting in the next line since he is not of the same noble class.
[61] **¿De adónde…** *Where are you coming from, sir?*

	que de manojos° y montones	bunches
	parecen, al mirarse	
	desde lejos, montes° de oro	mountains
	y aun oro de más quilates,°	carats
430	pues de los granos de aqueste	
	es todo el cielo el contraste.[62]	
	Allí el bielgo,° hiriendo a soplos	winnowing fork
	el viento en ellos süave,	
435	deja en esta parte el grano	
	y la paja° en la otra parte;	chaff
	que aun allí lo más humilde	
	da el lugar a lo más grave.	
	¡Oh, quiera Dios, que en las trojes°	granaries
440	yo llegue a encerrarlo, antes	
	que algún turbión° me lo lleve	downpour
	o algún viento me las tale!°	destroys
	Tú, ¿qué has hecho?	

JUAN   No sé cómo
445   decirlo sin enojarte.
           A la pelota he jugado
           dos partidos[63] esta tarde,
           y entrambos los he perdido.

CRESPO   Haces bien si los pagaste.

JUAN   No los pagué, que° no tuve   **porque**
450   dineros para ello; antes
           vengo a pedirte, señor...

CRESPO   Pues escucha antes de hablarme.
           Dos cosas no has de hacer nunca:
           no ofrecer lo que no sabes
455   que has de cumplir,° ni jugar   fulfill
           más de lo que está delante;
           porque, si por accidente
           falta, tu opinión° no falte.   reputation

JUAN   El consejo° es como tuyo;   advice
460   y por tal debo estimarle,°   value it

---

[62] **contraste** Dunn explains: "the office of assay for gold and silver, also the standard by which a thing is measured, or the balance-weight against which it is weighed. Crespo's phrase means that Heaven itself is the standard of purity and lustre" (127).
[63] **A la...** *I placed bets on two ball games.*

	y he de pagarte con otro: en tu vida no has de darle consejo al que 'ha menester° dinero.	needs

CRESPO   Bien te vengaste.[64]

Sale el SARGENTO.

465   SARGENTO   ¿Vive Pedro Crespo aquí?

CRESPO   ¿Hay algo que usté le mande?

SARGENTO   Traer a casa la ropa
de don Álvaro de Ataide,
que es el capitán de aquesta
470   compañía que esta tarde
se ha alojado en Zalamea.

CRESPO	No digáis más, esto baste; que para servir a Dios y al Rey en sus Capitánes,	
475	están mi casa y mi hacienda.°	property
	Y en tanto que se le 'hace el aposento,° dejad	prepare the room
	la ropa en aquella parte y id a decirle que venga, cuando su merced mandare,	
480	a que se sirva de todo.	

SARGENTO   Él vendrá luego al instante.

[*Vase.*]

JUAN	¿Que quieras, siendo tú rico, vivir a estos hospedajes° sujeto?	billeting

485   CRESPO   Pues ¿cómo puedo
excusarlos ni excusarme?

JUAN   Comprando una ejecutoria.[65]

---

[64] **Bien...** *You got your revenge.*
[65] "Titles of nobility were offered for sale during the reign of Felipe II
(and later) in an attempt to increase revenue" (Dunn 127).

CRESPO	Dime, por tu vida, ¿hay alguien	
	que no sepa que yo soy,	
490	si bien de limpio linaje,[66]	
	hombre llano? No, por cierto.	
	Pues ¿qué gano yo en comprarle	
	una ejecutoria al Rey,	
	si no le compro la sangre?	
495	¿Dirán entonces que soy	
	mejor que ahora? No, es dislate.°	absurdity
	Pues ¿qué dirán? Que soy noble	
	por cinco o seis mil reales.	
	Y esto es dinero, y no es honra;	
500	que honra, no la compra nadie.	
	¿Quieres, aunque sea trivial,	
	un ejemplillo° escucharme?	little example
	Es calvo° un hombre mil años,	bald
	y al cabo dellos° 'se hace	**de ellos**
505	una cabellera.° Éste,	puts on a wig
	en opiniones vulgares,	
	¿deja de ser calvo? No.	
	Pues ¿qué dicen al mirarle?	
	"¡Bien puesta la cabellera	
510	trae fulano!"° Pues ¿qué hace,	so-and-so
	si aunque no le vean la calva,	
	todos que la tiene saben?	
JUAN	Enmendar su vejación,[67]	
	remediarse de su parte,	
515	y redimir° las molestias	redeem
	del sol, del hielo y del aire.	
CRESPO	Yo no quiero honor postizo,°	false
	que el defeto° ha de dejarme	**defecto**
	en casa. Villanos fueron	
520	mis abuelos y mis padres;	
	sean villanos mis hijos.	
	Llama a tu hermana.	
JUAN	Ella sale.	

Salen ISABEL y INÉS.

CRESPO	Hija, el Rey nuestro señor,

---

[66] **limpio linaje** *pure lineage*, i.e., without Jewish or Muslim ancestry.
[67] **Enmendar...** *To mend his loss of dignity.*

		que el cielo mil años guarde,	
525		va a Lisboa,[68] porque en ella	
		solicita coronarse	
		como legítimo dueño;[69]	
		a cuyo efeto, marciales°	military
		tropas caminan con tantos	
530		aparatos° militares	instruments
		hasta bajar a Castilla	
		el tercio viejo de Flandes	
		con un don Lope, que dicen	
		todos que es español Marte.[70]	
535		Hoy han de venir a casa	
		soldados, y es importante	
		que no te vean. Así, hija,	
		al punto° has de retirarte	at once
		en esos desvanes° donde	lofts
		yo vivía.	
540	ISABEL	'A suplicarte°	to implore that
		me dieses esta licencia°	you; permission
		venía yo. Sé que el estarme	
		aquí es estar solamente	
		a escuchar mil necedades.	
545		Mi prima y yo en este cuarto	
		estaremos, sin que nadie,	
		ni aun el sol mismo, no sepa	
		de nosotras.	
	CRESPO	Dios os guarde.	
		Juanico, quédate aquí;	
550		recibe a huéspedes tales,	
		mientras busco en el lugar	
		algo con que regalarles.°	entertain them
	[*Vase.*]		
	ISABEL	Vamos, Inés.	
	INÉS	Vamos, prima;	
		mas 'tengo por disparate°	it's foolish

---

[68] **Felipe II** reached Lisbon on July 27, 1581, after a long stay in Badajoz.

[69] **en ella...** *in Lisbon he's going to seek coronation as their legitimate ruler.*

[70] **Marte** *Mars.* Son of Jupiter and Juno; god of war in Roman mythology. As the "Spanish Mars," don Lope de Figueroa is the pinnacle of bravery.

555   el guardar a una mujer,
                           si ella no quiere guardarse.

Vanse. Sale el CAPITÁN *y el* SARGENTO.

SARGENTO   Ésta es, señor, la casa.

CAPITÁN   Pues del cuerpo de guardia,[71] al punto pasa
                           toda mi ropa.

SARGENTO   Quiero
560   registrar° la villana lo primero.   examine

[*Vase.*]

JUAN   Vos seáis bien venido
                           a aquesta casa; que ventura° ha sido   good fortune
                           grande venir a ella un caballero
                           tan noble como en vos le considero.
                           [*Aparte.*]
565   (¡Qué 'galán y alentado!°   gallant and brave
                           Envidia tengo al 'traje de soldado.°)   soldier's uniform

CAPITÁN   Vos seáis bien hallado.

JUAN   Perdonaréis no estar acomodado;°   prepared
                           que mi padre quisiera
570   que hoy un alcázar° esta casa fuera.   palace
                           Él ha ido a buscaros
                           que comáis; que desea regalaros,
                           y yo voy a que esté vuestro aposento
                           aderezado.°   prepared

CAPITÁN   Agradecer intento
575   la merced y el cuidado.°   care

JUAN   Estaré siempre a vuestros pies postrado.[72]

Vase, y sale el SARGENTO.

CAPITÁN   ¿Qué hay, sargento? ¿Has ya visto
                           a 'la tal labradora?°   that Crespo

---

[71] **cuerpo de…** Military term referring to the designated place where
soldiers are to stand guard.
[72] **Estaré…** *Ever your humble servant.*

SARGENTO	Vive Cristo,	wench
	que con aquese intento	
580		no he dejado cocina ni aposento[73]	
	y que no la he topado.°	run into
CAPITÁN	Sin duda el villanchón° la ha retirado.	vulgar peasant

SARGENTO	Pregunté a una criada	
	por ella, y respondióme que ocupada	
585		su padre la tenía	
	en ese cuarto alto y que no había	
	de bajar nunca acá, que es muy celoso.	

CAPITÁN	¿Qué villano no ha sido malicioso?	
	De mí digo que si hoy aquí la viera,	
590		della caso no hiciera;[74]	
	y sólo porque el viejo la ha guardado,	
	deseo, vive Dios, de entrar me ha dado	
	donde está.	

SARGENTO	Pues ¿qué haremos	
	para que allá, señor, con causa entremos,	
595 | | sin dar sospecha° alguna? | suspicion |

CAPITÁN	Solo por tema° la he de ver, y una	stubbornness
	industria° he de buscar.	strategy

SARGENTO	Aunque no sea	
	de mucho ingenio,° para quien la vea	ingenuity
	hoy, no importará nada;	
600 | | que con eso será más celebrada. | |

CAPITÁN	Óyela pues, agora.	

SARGENTO	Di, ¿qué ha sido?	

CAPITÁN	Tú has de fingir...° —Mas no, pues que ha venido	pretend
	este soldado, que es más despejado,°	clearheaded
	él fingirá mejor lo que 'he trazado.°	I have prepared

Salen REBOLLEDO CHISPA.

---

[73] **no he dejado...** This phrase means that he has searched everywhere in the house for Isabel.

[74] **della...** *I would not even have noticed her.*

605	REBOLLEDO	Con este intento vengo
		a hablar al capitán, por ver si tengo
		dicha° en algo. luck
	LA CHISPA	Pues háblale de modo
		que le obligues; que en fin no ha de ser todo
		'desatino y locura.° foolishness and madness
610	REBOLLEDO	Préstame° un poco tú de tu cordura.° lend me, good
	LA CHISPA	Poco y mucho pudiera. sense
	REBOLLEDO	Mientras hablo con él, aquí me espera.
		—Yo vengo a suplicarte...
	CAPITÁN	En cuanto puedo,
		ayudaré, por Dios, a Rebolledo,
615		porque me ha aficionado° I have taken a liking to; self-confidence, inhibition
		su despejo° y su brío.°
	SARGENTO	Es gran soldado.
	CAPITÁN	Pues ¿qué hay que se le ofrezca?
	REBOLLEDO	Yo he perdido
		cuanto dinero tengo y he tenido
		y he de tener, porque de pobre juro
620		en presente, en pretérito y futuro.
		Hágaseme merced de que, por vía
		de ayudilla de costa,[75] aqueste día
		el alférez me dé...
	CAPITÁN	Diga: ¿qué intenta?
	REBOLLEDO	...el juego del boliche[76] por mi cuenta;
625		que soy hombre cargado° burdened
		de obligaciones, y hombre, al fin, honrado.
	CAPITÁN	Digo que es muy justo,

---

[75] **ayudilla...** Monetary assistance that is given to an employee in addition to his or her salary.

[76] Dunn explains the game of **boliche** as follows: "a game played on a board with a number of pigeon-holes around the edge or at one end, having various values. The players attempted to roll balls into these holes, and staked money on the score" (127).

y el alférez sabrá que éste es mi gusto.

LA CHISPA	Bien le habla el capitán. ¡Oh, si me viera	
630 | llamar de todos ya la Bolichera!⁷⁷ | |

REBOLLEDO   Daréle ese recado.°   message

CAPITÁN   Oye 'primero
que° le lleves. De ti fiarme° quiero   before, trust
para cierta invención° que he imaginado,   fabrication
con que salir intento de un cuidado.°   worry

635   REBOLLEDO   Pues ¿qué es lo que se aguarda?⁷⁸
Lo que tarda en saberse es lo que tarda
en hacerse.

CAPITÁN   Escúchame. Yo intento
subir a ese aposento
por ver si en él una persona habita,
640   que de mí hoy esconderse solicita.

REBOLLEDO   Pues ¿por qué no le° subes?   **al aposento**

CAPITÁN   'No quisiera
sin que alguna color° para esto hubiera,   pretext
por disculparlo° más; y así, fingiendo   excuse it
que yo riño° contigo, has de irte huyendo°   quarrel, fleeing
645   por ahí arriba. Yo entonces, enojado,
la espada° sacaré. Tú, muy turbado,°   sword, alarmed
has de entrarte hasta donde
esta persona que busque se esconde.⁷⁹

REBOLLEDO   Bien informado quedo.

650   LA CHISPA   [*Aparte*.] (Pues habla el capitán con Rebolledo
hoy de aquella manera,
desde hoy me llamarán la Bolichera.)

---

⁷⁷ **Bolichera** The word **boliche** also refers to a casino and **bolichero/a** refers to its manager.

⁷⁸ **¿qué es...** *What are you waiting for?*

⁷⁹ **No quisiera...** Edwin Honig translates these lines as follows: *"I'd rather not attempt it without a good excuse. There now, let's pretend we're quarreling, and you're forced to flee. I'm angry, then; I draw my sword. You're so frightened that you burst in upon the hidden person I am looking for up there"* (Honig 151-52).

REBOLLEDO	¡Voto a Dios, que han tenido	
	esta ayuda de costa que he pedido,	
655	un ladrón, un gallina° y un cuitado!°	coward; afflicted
	Y ahora que la pide un hombre honrado,	
	¡no se la dan!	

| LA CHISPA | [*Aparte.*]   (Ya empieza su tronera.°) | chatterbox |

| CAPITÁN | Pues ¿cómo me habla a mí de esa manera? | |

| REBOLLEDO | ¿No 'tengo de° enojarme | **tengo que** |
| | cuando tengo razón? | |

| 660 | CAPITÁN | No, ni ha de hablarme; | |
| | y agradezca que sufro° aqueste exceso. | I tolerate |

REBOLLEDO	Ucé es mi capitán; sólo por eso	
	callaré; mas ¡por Dios!, que si yo hubiera	
	la bengala° en mi mano...	staff

| CAPITÁN | ¿Qué me hiciera? | |

| 665 | LA CHISPA | Tente,° señor. | Stop |
| | [*Aparte.*] (Su muerte considero.) | |

| REBOLLEDO | Que me hablara mejor. | |

| CAPITÁN | ¿Qué es lo que espero, | |
| | que no doy muerte a un 'pícaro atrevido?° | insolent rogue |

| [*Desenvaina.*]° | | He draws his sword. |

| REBOLLEDO | Huyo, por el respeto que he tenido | |
| | a esa insignia. | |

| CAPITÁN | Aunque huyas, | |
| | te he de matar. | |

| 670 | LA CHISPA | Ya él hizo de las suyas. | |

| SARGENTO | Tente, señor. | |

| LA CHISPA | Escucha. | |

| SARGENTO | Aguarda, espera. | |

LA CHISPA	Ya no me llamarán la Bolichera.

Éntrale acuchillando,° y sale JUAN con espada,   waving his sword
y PEDRO CRESPO.

LA CHISPA	Acudid° todos presto.°	Come, quickly
CRESPO	¿Qué ha sucedido aquí?	
JUAN	¿Qué ha sido aquesto?	

675 LA CHISPA Que la espada ha sacado
el capitán aquí para° un soldado;   **contra**
y esa escalera° arriba,   staircase
sube tras él.

CRESPO ¿Hay suerte más esquiva?°   elusive

LA CHISPA Subid todos tras él.

JUAN [*Aparte.*]
680 (Acción fue vana°   in vain
esconder a mi prima y a mi hermana.)

Éntranse, y salen REBOLLEDO huyendo,
y ISABEL y INÉS.

REBOLLEDO Señoras, si siempre ha sido
sagrado° el que es templo,° hoy   sanctuary,
sea mi sagrado aquéste,   temple
pues es templo de amor.

685 ISABEL ¿Quién a huir de esa manera
os obliga?

INÉS ¿Qué ocasión
tenéis de entrar hasta aquí?

ISABEL ¿Quién os sigue o busca?

Sale el CAPITÁN y SARGENTO.

CAPITÁN Yo,
que tengo de dar la muerte
690 al pícaro ¡Vive Dios,
si pensase…!

ISABEL   Deteneos,°   Stop
            siquiera° porque, señor,   if only
            vino a valerse de mí;[80]
            que los hombres como vos
695   han de amparar° las mujeres,   protect
            si no por lo que ellas son,
            porque son mujeres; que esto
            basta, siendo vos quien sois.[81]

CAPITÁN   No pudiera otro sagrado
700   librarle de mi furor,
            sino vuestra gran belleza;
            por ella, 'vida le doy.°   I pardon his
            Pero mirad que no es bien,   execution.
            en tan precisa ocasión,
705   hacer vos el homicidio[82]
            que no queréis que haga yo.

ISABEL   Caballero, si cortés
            ponéis en obligación
            nuestras vidas, no zozobre
710   tan presto la intercesión.
            Que dejéis este soldado
            os suplico, pero no
            que cobréis de mí la deuda
            a que agradecida estoy.[83]

715 CAPITÁN   No sólo vuestra hermosura
            es de rara perfección,
            pero° vuestro entendimiento   **sino que**
            lo es también, porque hoy en vos
            alïanza están jurando
720   hermosura y discreción.

        Salen Pedro CRESPO *y* JUAN, *las espadas desnudas.*°   unsheathed

CRESPO   ¿Cómo es ello, caballero?

---

[80] **vino...** *he appealed to me for help*

[81] **siendo...** *since you are a man of.* Isabel is urging him to show that he is a gentleman in manners as well as by birth (Dunn 128).

[82] **homicidio** She has prevented the captain from taking Rebolledo's life; now (he says) she threatens his own life with her beauty (Dunn 128).

[83] **Caballero...** Dunn translates: "By granting our request you put us under life-long obligation to you, but do not spoil my position as mediator. Let this soldier go, but do not demand that I pay off the debt (by welcoming your advances)" (128).

¿Cuando pensó mi temor
hallaros matando a un hombre,
os hallo...

ISABEL   ¡Válgame Dios!

725   CRESPO   ...requebrando° una mujer?   courting
                   Muy noble, sin duda, sois,
                   pues que tan presto se os pasan
                   los enojos.

CAPITÁN   Quien nació
                   con obligaciones, debe
730   'acudir a° ellas, y yo   take care of
                   al respeto desta dama
                   suspendí todo el furor.

CRESPO   Isabel es hija mía,
                   y es labradora, señor,
                   que no dama.

JUAN   [*Aparte.*]
735   (¡Vive el cielo,
                   que todo ha sido invención
                   para haber entrado aquí!
                   Corrido° en el alma estoy   embarrassed
                   de que piensen que 'me engañan,°   they deceive me
740   y no ha de ser.) —Bien, señor
                   capitán, pudierais ver
                   con más segura atención
                   lo que mi padre desea
                   hoy serviros, para no
745   haberle hecho este disgusto.

CRESPO   ¿Quién os mete en eso a vos,
                   rapaz?[84] ¿Qué disgusto ha habido?
                   Si el soldado le enojó,
                   ¿no había de ir tras él? – Mi hija
750   estima mucho el favor
                   del haberle perdonado,
                   y el de su respeto yo.

CAPITÁN   Claro está que no habrá sido
                   otra causa, y ved mejor

---

[84] ¿**Quién**... *Why are you getting involved, boy?*

           lo que decís.

755   JUAN   Yo lo veo
           muy bien.

     CRESPO   Pues ¿cómo habláis vos
           así?

     CAPITÁN   Porque estáis delante,
           más castigo° no le doy   punishment
           a este rapaz.

     CRESPO   ¡Detened,
760   señor capitán! que yo
           puedo tratar a mi hijo
           como quisiere, y vos no.

     JUAN   Y yo sufrirlo a mi padre,
           mas a otra persona, no.

     CAPITÁN   ¿Qué habíais de hacer?

765   JUAN   Perder
           la vida por la opinión.

     CAPITÁN   ¿Qué opinión tiene un villano?

     JUAN   Aquella misma que vos;
           que no hubiera un capitán
770   si no hubiera un labrador.

     CAPITÁN   ¡Vive Dios, que ya es bajeza
           sufrirlo![85]

     CRESPO   Ved que yo estoy
           'de por medio.°   in the middle

     Sacan las espadas.

     REBOLLEDO   ¡Vive Cristo,
           Chispa, que ha de haber hurgón![86]

---

[85] **¡Vive Dios!...** Edward Honig translates these lines as *"By God, this insolence is insuffrable."*

[86] **que ha... hurgón** is a poker for stirring a fire; it is also the name of a sword thrust. The sentence means *Somebody's going to get hurt.*

775	LA CHISPA	¡Aquí del cuerpo de guardia!°	Here, guard!
	REBOLLEDO	Don Lope ¡Ojo avizor!°	Watch out!

Sale don LOPE, con hábito[87] *muy galán*[88]
y bengala.

	DON LOPE	¿Qué es aquesto? ¿La primera	
		cosa que he de encontrar hoy,	
		acabado de llegar,°	having just
780		¿ha de ser una cuestión?°	arrived; brawl
	CAPITÁN	[*Aparte.*]	
		(¡A qué mal tiempo don Lope	
		de Figueroa llegó!)	
	CRESPO	[*Aparte.*]	
		(¡Por Dios, que se las tenía	
		con todos el rapagón!°)	
785	DON LOPE	¿Qué ha habido? ¿Qué ha sucedido?	
		¡Hablad, porque, voto a Dios,	
		que a hombres, mujeres y casa	
		eche por un corredor!°	
		¿No me basta haber subido	
790		hasta aquí, con el dolor	
		desta pierna –que los diablos	
		llevaran, –¡amén! –sino	
		no decirme: "aquesto ha sido"?	
	CRESPO	Todo eso es nada, señor.	
795	DON LOPE	Hablad, decid la verdad.	
	CAPITÁN	Pues es que alojado estoy	
		en esta casa; un soldado...	

---

[87] **hábito** a cloak bearing the insignia of an order of knighthood. Don Lope de Figueroa belonged to the Order of Santiago, like Calderón himself.

[88] **galán** This means that Don Lope enters with dignity in full military dress with adornments.

[89] **se las...** Dunn translates: "The lad held his own with them all" (129). **Rapagón** is a young man who has not yet grown a beard, and refers here to Juan. The word **rapagón** comes from *rapar*, which means "to shave."

[90] **eche...** *I'll throw (everyone and everything) into the street.*

DON LOPE   Decid.

CAPITÁN   ...ocasión me dio
                  a que sacase con él
800   la espada. Hasta aquí se entró
                  huyendo; entréme tras él
                  donde estaban esas dos
                  labradoras; y su padre
                  y su hermano '–o lo que son°—   or whatever they
805   se han disgustado° de que   they got upset
                  entrase hasta aquí.

DON LOPE   Pues yo
                  a tan buen tiempo he llegado,
                  satisfaré a todos hoy.
                  ¿Quién fue el soldado, decid,
810   que a su capitán le dio
                  ocasión de que sacase
                  la espada?

REBOLLEDO   ¿Qué, pago yo
                  por todos?

ISABEL   Aqueste fue
                  el que huyendo hasta aquí entró.

815 DON LOPE   Denle dos tratos de cuerda.[91]

REBOLLEDO   ¿Tra-qué me han de dar, señor?

DON LOPE   Tratos de cuerda.

REBOLLEDO   Yo hombre
                  de aquesos tratos° no soy.   dealings

LA CHISPA   [Aparte.]
                  (Desta vez me lo estropean.°)   ruin

CAPITÁN   [Aparte a REBOLLEDO.]
820   (¡Ah, Rebolledo! por Dios,
                  que nada digas: yo haré

---

[91] **tratos de cuerda** Dunn translates the definition in Covarrubias: "a type of torture in which the victim's hands were tied behind his back and attached to a rope by which he was raised up, then dropped, but not quite to the ground. It could dislocate the shoulders" (129).

que 'te libren.°)   free you

REBOLLEDO   [*Aparte al* CAPITÁN.]
                         (¿Cómo no
                 lo he de decir, pues si callo,
                 los brazos me pondrán hoy
825   atrás, como mal soldado?)

[*A don* LOPE.]

                 El capitán me mandó
                 que fingiese la pendencia,°   quarrel
                 para tener ocasión
                 de entrar aquí.

CRESPO   Ved agora
830   si hemos tenido razón.

DON LOPE   No tuvisteis para haber
                 así puesto en ocasión°   risk
                 de perderse este lugar.[92]
                 —Hola, echa un bando,° tambor,[93] order
835   que al cuerpo de guardia vayan
                 los soldados cuantos son,
                 y que no salga ninguno,
                 pena° de muerte, en todo hoy.—   sentence
                 Y para que no quedéis
840   [*al* CAPITÁN.] con aqueste empeño° vos, undertaking
                 [*a* CRESPO.] y vos con este disgusto,
                 y satisfechos los dos,
                 buscad otro alojamiento;
                 que yo en esta casa estoy
                 desde hoy alojado, en tanto
845   que a Guadalupe no voy,
                 donde está el Rey.

CAPITÁN   Tus preceptos
                 órdenes precisas son
                 para mí.

Vanse el CAPITÁN, REBOLLEDO *y* LA CHISPA.

---

[92] **No tuvisteis...** *You had no business to risk having your village destroyed.*
[93] **Hola...** *Hey, drummer boy, announce this order.* The soldier responsible for carrying the drum and communicating new orders or warnings to the rest of the troops.

CRESPO   Entraos allá dentro.

Vanse ISABEL, INÉS y JUAN.

850   CRESPO   Mil gracias, señor, os doy
                   por la merced que me hicisteis
                   de excusarme una ocasión
                   de perderme.

      DON LOPE   ¿Cómo habíais,
                   decid, de perderos vos?

855   CRESPO   Dando muerte a quien pensara
                   ni aun el 'agravio menor...°   slightest offense

      DON LOPE   ¿Sabéis, ¡voto a Dios!, que es
                   capitán?

      CRESPO   Sí, ¡voto a Dios!
                   y aunque fuera él general,
860   en tocando a mi opinión,
                   le matara.

      DON LOPE   A quien tocara
                   ni aun al soldado menor,
                   sólo un pelo° de la ropa,   thread
                   por vida del cielo, 'yo
                   le ahorcara.°   I would have
                                                                      him hanged

865   CRESPO   A quien 'se atreviera°   threatened
                   a un átomo° de mi honor,   particle
                   por vida también del cielo,
                   que también le ahorcara yo.

      DON LOPE   ¿Sabéis que estáis obligado
870   a sufrir, por ser quien sois,
                   estas cargas?°   burdens

      CRESPO   Con mi hacienda,
                   pero con mi fama,° no.   honor
                   Al Rey la hacienda y la vida
                   se ha de dar; pero el honor
875   es patrimonio° del alma,   property
                   y el alma sólo es de Dios.

      DON LOPE   ¡Juro a Cristo, que parece

que vais teniendo razón!

CRESPO	Sí, juro a Cristo, porque
880 | siempre la he tenido yo. |

DON LOPE   Yo vengo cansado, y esta
pierna que el diablo me dio
ha menester descansar.

CRESPO   Pues ¿quién os dice que no?
885   Ahí me dio el diablo una cama
y servirá para vos.

DON LOPE   ¿Y diola hecha el diablo?

CRESPO   Sí.

DON LOPE   Pues a deshacerla voy;
que estoy, voto a Dios, cansado.

890   CRESPO   Pues descansad, voto a Dios.

DON LOPE   [*Aparte.*]
(Testarudo° es el villano;   Stubborn
tan bien jura como yo.)

CRESPO   [*Aparte.*]
(Caprichudo° es el don Lope;   Obstinate
no haremos migas⁹⁴ los dos.)

---

⁹⁴ **no haremos**… *we're not going to get along.*

Segunda jornada

Salen MENDO *y* NUÑO, *su criado*

895	DON MENDO	¿Quién te contó todo eso?

NUÑO   Todo esto contó Ginesa,
su° criada.   **de Isabel**

DON MENDO   El capitán,
después de aquella pendencia,
que en su° casa tuvo –fuese   **de Isabel**
900   ya verdad o ya cautela° –,   cunning
¿ha dado en enamorar
a Isabel?

NUÑO   Y es de manera
que tan poco humo en su° casa   **del capitán**
él hace[1] como en la nuestra
905   nosotros. En todo el día
no se quita de su puerta;
no hay hora que no la envíe
recados; con ellos entra
y sale un mal soldadillo,
confidente suyo.

910   DON MENDO   ¡Cesa!°   Be quiet
que es mucho veneno, mucho
para que el alma lo beba
de una vez.

NUÑO   Y más no habiendo
en el estómago fuerzas
con que resistirle.[2]

915   DON MENDO   Hablemos
un rato, Nuño, de veras.

---

[1] **tan poco...** *he's never at home.*
[2] **no habiendo...** Nuño continues his ironic comments regarding lack of food.

	NUÑO	¡Pluguiera° a Dios fueran burlas!	I wish
	DON MENDO	¿Y qué le responde ella?	
920	NUÑO	Lo que a ti, porque Isabel es deidad° hermosa y bella, a cuyo cielo no empañan° los vapores de la tierra.	deity cloud over
	DON MENDO	¡Buenas nuevas° te dé Dios!	Glad tidings

(Da una manotada° a NUÑO en el rostro.)   smack

	NUÑO	A ti, te dé mal de muelas,°	molars
925		que me has quebrado° dos dientes.	broken
		Mas, bien has hecho si intentas	
		reformarlos,° por familia	to remove them
		que no sirve ni aprovecha.[3]	
		—¡El capitán!	
	DON MENDO	¡Vive Dios,	
930		si por el honor no fuera	
		de Isabel, que lo matara!	
	NUÑO	Mas mira por tu cabeza.	

Salen el CAPITÁN, *SARGENTO y* REBOLLEDO.

	DON MENDO	Escucharé retirado. Aquí a esta parte te llega.	
935	CAPITÁN	Este fuego, esta pasión no es amor solo, que es tema, es ira,° es rabia, es furor.	wrath
	REBOLLEDO	¡Oh nunca, señor, hubieras visto a la hermosa villana	
940		que tantas ansias° te cuesta!	torment
	CAPITÁN	¿Qué te dijo la crïada?	
	REBOLLEDO	¿Ya no sabes sus respuestas?	

DON MENDO a NUÑO

---

[3] Teeth are not needed because there is nothing to eat.

DON MENDO	Esto ha de ser; pues ya tiende°	unfolds
	la noche sus sombras negras,	
945	antes que se haya resuelto	
	a lo mejor mi prudencia,	
	ven a armarme.	

NUÑO	¡Pues qué!, ¿tienes	
	más armas, señor, que aquellas	
	que están en un azulejo	
950	sobre el marco° de la puerta?[4]	frame

DON MENDO	En mi guadarnés° presumo	armory
	que hay para tales empresas°	arduous tasks
	algo que ponerme.	

NUÑO	Vamos,	
	sin que el capitán 'nos sienta.°	hears us

[*Vanse.*]

955 CAPITÁN	¡Que en una villana haya	
	tan hidalga° resistencia,[5]	noble
	que no me haya respondido	
	una palabra siquiera	
	apacible!°	kind

SARGENTO	Estas, señor,	
960	no de los hombres se prendan	
	como tú; si otro, villano,	
	la festejara° y sirviera,	courted
	hiciera más caso dél;°	de él
	fuera de que son tus quejas	
	sin tiempo.[6] Si te has de ir	
965	mañana, ¿para qué intentas	
	que una mujer en un día	
	te escuche y te favorezca?	

CAPITÁN	En un día el sol alumbra°	gives light

---

[4] **¡Pues qué!... Armas** is a play on words between military arms and the coat of arms of a noble. The **azulejos** were tiles designed to display the owner's family crest over the doorframe as a cheaper alternative to a crest carved in stone.

[5] The social opposition between *villano / hidalgo* represents the opposition between the character of Pedro Crespo and that of the captain.

[6] **fuera de que...** *besides which, your grievances are inopportune.*

970	y falta;° en un día se trueca°	is absent, changes
	un reino todo; en un día	
	es edificio una peña;°[7]	rock
	en un día una batalla	
	pérdida y vitoria ostenta;[8]	
975	en un día tiene el mar	
	tranquilidad y tormenta;	
	en un día nace un hombre	
	y muere: luego pudiera	
	en un día ver mi amor	
980	sombra y luz como planeta,	
	pena y dicha como imperio,	
	gente y brutos como selva,	
	paz y inquietud como mar,	
	triunfo y ruina como guerra,	
985	vida y muerte como dueño	
	de sentidos y potencias.[9]	
	Y habiendo tenido edad°	time
	en un día su violencia	
	de hacerme tan desdichado,	
990	¿por qué, por qué no pudiera	
	tener edad en un día	
	de hacerme dichoso? ¿Es fuerza	
	que se engendren más despacio	
	las glorias que las ofensas?[10]	

995	SARGENTO	Verla una vez solamente	
		¿a tanto extremo te fuerza?	
	CAPITÁN	¿Qué más causas había de haber,	
		llegando a verla, que verla?	
		De sola una vez a incendio	
1000		crece una breve pavesa;°	hot cinder
		de una vez sola un abismo,	
		fulgúreo° volcán, revienta;°	bright, erupts
		de una vez se enciende el rayo,	
		que destruye cuanto encuentra;	
1005		de una vez escupe horror	

---

[7] **en un día…**These words present the idea that in one day a building can be torn down, becoming nothing more than a pile of rocks, or that a building can be constructed in one day over a pile of rocks. This is an allusion to the instability and brevity of human life.

[8] **en un día…***in one day a battle is both a defeat and a victory.*

[9] **potencias…**the three faculties of the soul: understanding, will, and memory.

[10] **Es fuerza…***Must glories arise more slowly than transgressions?*

	la más reformada° pieza;°	disabled, canon
	de una vez amor, ¿qué mucho,	
	fuego de cuatro maneras,	
	mina,° incendio, pieza, rayo,	explosive device
1010	postre, abrase, asombre y hiera?	

SARGENTO   ¿No decías que villanas
                nunca tenían belleza?

CAPITÁN   Y aun aquesa confianza
                me mató, porque el que piensa
1015   que va a un peligro, ya va
                prevenido a la defensa;
                quien va a una seguridad,
                es el que más riesgo lleva
                por la novedad° que halla,   turn for the worse
1020   si acaso un peligro encuentra.
                Pensé hallar° una villana.   catch
                Si hallé una deidad, ¿no era
                preciso° que peligrase   necessary
                en mi misma inadvertencia°?   carelessness
1025   En toda mi vida vi
                más divina, más perfecta
                hermosura. ¡Ay, Rebolledo!,
                no sé qué hiciera por verla.

REBOLLEDO   En la compañía hay soldado
1030   que canta por excelencia;°   excellently
                y la Chispa, que es mi alcaida[11]
                del boliche,° es la primera   **bolichera**
                mujer en jacarear.[12]
                Haya, señor, jira[13] y fiesta
1035   y música a su ventana;
                que con esto podrás verla,
                y aun hablarla.

CAPITÁN   Como está
                don Lope allí, no quisiera

---

[11] **alcaida** The word **alcaide** means the warden of a fortress or prison; the feminine form is **alcaidesa**. Rebolledo invents the comical form **alcaida**.

[12] **jacarear...**to sing and dance **jácaras**.(See footnote at line 94.)

[13] **jira...**an afternoon meal shared between friends, usually in the country, done in a very festive spirit with lots of noise. By extension, any type of festivities.

        despertarle.

REBOLLEDO   Pues don Lope,
1040   ¿cuándo duerme, con su pierna?
        Fuera, señor, que la culpa,
        si se entiende, será nuestra,
        no tuya, si 'de rebozo°   secretly
        vas en la tropa.

CAPITÁN   Aunque tenga
1045   mayores dificultades,
        pase por todas mi pena.
        Juntaos todos esta noche,
        mas de suerte que no entiendan
        que yo lo mando. ¡Ay, Isabel,
1050   qué de cuidados me cuestas!

Vase el CAPITÁN *y* SARGENTO, *y sale La* CHISPA.

LA CHISPA   ¡Téngase!°   Take that!

REBOLLEDO   Chispa, ¿qué es esto?

LA CHISPA   Hay un pobrete° que queda   unfortunate man
        con un rasguño° en el rostro.   scar

REBOLLEDO   Pues ¿por qué fue la pendencia?

1055 LA CHISPA   Sobre hacerme alicantina°   swindle
        del barato[14] de hora y media
        que estuvo echando las bolas,°   marbles
        teniéndome muy atenta°   attentive
        a si eran pares o nones.°   odd numbers
1060   Canséme y dile con ésta.

Saca la daga.

        Mientras que, con el barbero,
        poniéndose en puntos° queda,[15]   stitches

---

[14] **barato**...money won by gambling given by the winner as a tip to the spectators.
[15] In Calderón's day, surgery was not a practiced formal profession. Instead, the barber performed many services now offered by surgeons. This explains the play on words between the **puntos** won in the game and the **puntos** made to stitch a wound.

vamos al cuerpo de guardia,
que allá te daré la cuenta.

1065 REBOLLEDO   ¡Bueno es 'estar de mohína,°   to be upset
cuando vengo yo de fiesta!

LA CHISPA   Pues ¿qué estorba° el uno al otro?   hinders
Aquí está la castañeta.
¿Qué se ofrece que cantar?

1070 REBOLLEDO   Ha de ser 'cuando anochezca°,   when night falls
y 'música más fundada.°   better music
Vamos, y no te detengas.
Anda acá al cuerpo de guardia.

LA CHISPA   Fama ha de quedar eterna
1075   de mí en el mundo, que soy
Chispilla la Bolichera.

[*Vanse.*]

Salen DON LOPE *y* PEDRO CRESPO.

CRESPO   En este paso,° que está   passageway
más fresco, poned la mesa
al señor don Lope. Aquí,
1080   os sabrá mejor la cena;
que al fin los días de agosto
no tienen más recompensa°   saving grace
que sus noches.

DON LOPE   Apacible°   peaceful
estancia° en extremo es ésta.   dwelling

1085 CRESPO   Un pedazo es de jardín
do° mi hija se divierta.   **donde**
Sentaos. Que el viento suave
que en las blandas hojas suena
destas parras° y estas copas,   grapevines
mil 'cláusulas lisonjeras°   pleasing music
1090   hace al compás desta fuente,
cítara° de plata y perlas,   zither
porque son, en trastes° de oro,   frets

las guijas[16] templadas° cuerdas.   well-tuned
1095   Perdonad, si de instrumentos
solos la música suena,
sin cantores que os deleitan,
sin voces que os entretengan;
que como músicos son
1100   los pájaros que gorjean,°   sing
no quieren cantar de noche,
ni yo puedo hacerles fuerza.
Sentaos pues, y divertid°   distract yourselves
esa continua dolencia.   from

1105 DON LOPE   No podré; que es imposible,
que divertimiento tenga.
¡Válgame Dios!

CRESPO   ¡Valga, amén!

DON LOPE   ¡Los cielos me den paciencia!
Sentaos, Crespo.

CRESPO   Yo estoy bien.

DON LOPE   Sentaos.

1110 CRESPO   Pues me dais licencia,
digo, señor, que obedezco,
aunque excusarlo pudierais.

Siéntase.

DON LOPE   ¿No sabéis qué 'he reparado?°   I've been thinking
Que ayer la cólera° vuestra   rage
1115   os debió de enajenar°   deprive of reason
de vos.

CRESPO   Nunca me enajena
a mí de mí nada.

DON LOPE   Pues,
¿cómo ayer, sin que os dijera
que os sentarais, os sentasteis,
1120   aun en la silla primera?

---

[16] **guijas** a type of pea plant. Calderón makes a comparison between
a pea plant, which is tall and thin, and the strings of a zither.

CRESPO

Porque no me lo dijisteis.
Y hoy, que lo decís, quisiera
no hacerlo; la cortesía
tenerla con quien la tenga.[17]

1125 DON LOPE

Ayer, todo erais reniegos,°   **curses**
porvidas, votos y pesias;[18]
y hoy, estáis más apacible,
con más gusto y más prudencia.[19]

CRESPO

1130

Yo, señor, siempre respondo
en el tono y en la letra,
que me hablan.[20] Ayer, vos
así hablabais, y era fuerza
que fuera de un mismo tono
la pregunta y la respuesta.

1135

Demás° de que yo he tomado   **además**
por política discreta
jurar con aquel que jura,
rezar con aquel que reza.

1140

A todo hago compañía;
y es aquesto de manera
que en toda la noche pude
dormir, en la pierna vuestra
pensando, y amanecí
con dolor en ambas piernas;

1145

que por no errar la que os duele,
si es la izquierda o la derecha,
me dolieron a mí entrambas.
Decidme, por vida vuestra,
cuál es, y sépalo yo,

1150

porque° una sola me duela.   **para que**

DON LOPE

¿No tengo mucha razón
de quejarme, si ha° ya treinta   **hace**

---

[17] Unlike the aristocracy, Crespo does not consider courtesy and etiquette to be of importance because he comes from the countryside where it has no place in the relationship between general and peasant.

[18] **porvidas...** These are all swearwords (e.g., *por vida del cielo, voto a Cristo,* etc.).

[19] **Ayer...***Yesterday you were all curses, but today you are much more indulgent and you show calmer, better judgment.*

[20] **Yo, señor...** *Sir I always respond exactly as spoken to.*

años que asistiendo en Flandes[21]
al servicio de la guerra,
1155   el invierno con la escarcha°   frost
y el verano con la fuerza
del sol, nunca descansé
y no he sabido qué sea
estar sin dolor un hora?

1160   CRESPO   ¡Dios, senor, os dé paciencia!

DON LOPE   ¿Para qué la quiero yo?

CRESPO   ¡No os la dé!

DON LOPE   Nunca acá venga,
sino que dos mil demonios
carguen° conmigo y con ella.   share the burden

1165   CRESPO   Amén. Y si no lo hacen,
es por no hacer cosa buena.

DON LOPE   ¡Jesús, mil veces Jesús!

CRESPO   Con vos y conmigo sea.

DON LOPE   ¡Voto a Cristo, que me muero!

1170   CRESPO   ¡Voto a Cristo, que me pesa!

Saca la mesa JUAN.

JUAN   Ya tienes la mesa aquí.

DON LOPE   ¿Cómo a servirla no entran
mis criados?

CRESPO   Yo, señor,
dije, con vuestra licencia,
1175   que no entraran a serviros,

---

[21] Flanders was a medieval principality in western Europe, extending along the North Sea from the Strait of Dover to the Scheldt River. The corresponding modern regions include the provinces of East Flanders and West Flanders in west Belgium, and the adjacent parts of northern France and the southwest Netherlands. In the seventeenth century, Flanders was a Spanish possession.

y que en mi casa no hicieran
prevenciones;° que a Dios gracias,   provisions
pienso, que no os falte en ella
nada.

DON LOPE   Pues, no entran criados,
1180   hacedme favor que venga
vuestra hija aquí a cenar
conmigo.

CRESPO   Dila que venga
tu hermana al instante, Juan.

Vase JUAN.

DON LOPE   Mi poca salud me deja
1185   sin sospecha en esta parte.

CRESPO   Aunque vuestra salud fuera,
señor, la que yo os deseo,
me dejara sin sospecha.
Agravio hacéis a mi amor,
1190   que nada de eso me inquieta;
que el decirla que no entrara
aquí, fue con advertencia°   warning
de que no estuviese a oír
'ociosas impertinencias;°   out of place
que si todos los soldados   nonsense
1195   corteses como vos fueran,
ella había de acudir
a servirlos la primera.

DON LOPE   [*Aparte.*]
(¡Qué ladino° es el villano,   cunning
1200   o cómo tiene prudencia!)

Salen JUAN, INÉS y ISABEL.

ISABEL   ¿Qué es, señor, lo que me mandas?

CRESPO   El señor don Lope intenta
honraros; él es quien llama.

ISABEL   Aquí está una esclava vuestra.

1205   DON LOPE   Serviros intento yo.
[*Aparte.*] (¡Qué hermosura tan honesta!)

—Que cenéis conmigo quiero.

ISABEL   Mejor es que a vuestra cena
sirvamos las dos.

DON LOPE   Sentaos.

1210 CRESPO   Sentaos, haced lo que ordena
el señor don Lope.

ISABEL   Está
el mérito en la obediencia.

Siéntanse.

Tocan guitarras dentro.

DON LOPE   ¿Qué es aquello?

CRESPO   Por la calle
los soldados se pasean,
cantando y bailando.

1215 DON LOPE   Mal
los trabajos de la guerra
sin aquesta libertad
se llevarán; que es estrecha
religión° la de un soldado,   vocation
1220 y darla ensanchas es fuerza.²²

JUAN   Con todo eso, es linda vida.

DON LOPE   ¿Fuérades° con gusto a ella?   Would you go

JUAN   Sí, señor, como llevara
por amparo a Vuexcelencia.°   **Vuestra Excelencia**

Se oye dentro:

1225   Mejor se cantará aquí.

REBOLLEDO   ¡Vaya a Isabel una letra!°   lyric
Para que despierte, tira
a su ventana una piedra.

---

²² **y darla...** *and it's necessary to let them overstep the proper limit.*

CRESPO   [*Aparte.*] (A ventana señalada
1230   va la música. ¡Paciencia!)

                  Se canta dentro:

                  La flores del romero,°   rosemary
                  niña Isabel,
                  hoy son flores azules,
                  y mañana serán miel.

DON LOPE   [*Aparte.*]
1235   (Música, vaya; mas esto
                  de tirar es desvergüenza°...   shamelessness
                  ¡Y a la casa donde estoy,
                  venirse a dar cantaletas!²³...
                  Pero disimularé
1240   por Pedro Crespo y por ella.)
                  —¡Qué travesuras! °   mischief

CRESPO   Son mozos.
                  [*Aparte.*] (Si por don Lope, no fuera,
                  yo les hiciera...)

JUAN   [*Aparte.*]   (Si yo
                  una rodelilla²⁴ vieja
1245   que en el cuarto de don Lope
                  está colgada pudiera
                  sacar...)

Hace que se va.

CRESPO   ¿Dónde vais, mancebo?°   young man

JUAN   Voy a que traigan la cena.

CRESPO   Allá hay mozos que la traigan.

Cantan dentro:

1250   ¡Despierta, Isabel, despierta!

---

²³ **cantaletas**...noise made from singing and carrying on mixed with
a few, out of synch instruments.
²⁴ **rodelilla**...comes from *rodela* and is a round, thin shield that,
clasped in the left arm, covers the chest of the swordfighter.

ISABEL	[*Aparte.*] (¿Qué culpa tengo yo, cielos, para estar a esto sujeta?)
DON LOPE	Ya no se puede sufrir, porque es cosa muy mal hecha.

Arroja° DON LOPE la mesa.   Knocks over

1255 CRESPO   Pues, ¡y cómo si lo es!

Arroja PEDRO CRESPO la silla.

DON LOPE	Llevéme de mi impaciencia. ¿No es, decidme, muy mal hecho que tanto una pierna duela?
CRESPO	De eso mismo hablaba yo.

1260 DON LOPE   Pensé que otra cosa era.
                     Como arrojasteis la silla...

CRESPO	Como arrojasteis la mesa vos, no tuve que arrojar otra cosa más cerca.

1265   [*Aparte.*] (Disimulemos, honor.)

DON LOPE	[*Aparte.*] (¡Quién en la calle estuviera!) —Ahora bien, cenar no quiero. Retiraos.
CRESPO	En hora buena.
DON LOPE	Señora, quedad con Dios.
ISABEL	El cielo os guarde.

1270 DON LOPE   [*Aparte.*]   (¿A la puerta
                     de la calle no es mi cuarto?
                     y en él ¿no está una rodela°?)   shield

      CRESPO   [*Aparte.*]
                     (¿No tiene puerta el corral,°   courtyard

y yo una espadilla vieja?)[25]

1275 DON LOPE   Buenas noches.

CRESPO   Buenas noches.
[*Aparte.*] (Encerraré por defuera
a mis hijos.)[26]

DON LOPE   [*Aparte.*]   (Dejaré
un poco la casa quieta.)

ISABEL   [*Aparte.*]
(¡Oh, qué mal, cielos, los dos
1280   disimulan que les pesa!)

INÉS   [*Aparte.*]
(Mal el uno por el otro
van 'haciendo la deshecha.°)   pretending

CRESPO   ¡Hola, mancebo!

JUAN   ¿Señor?

CRESPO   Acá está la cama vuestra.

Vanse.

Salen el CAPITÁN, SARGENTO, LA CHISPA, REBOLLEDO, *con guitarras, y*
soldados.

1285 REBOLLEDO   Mejor estamos aquí,
el sitio es más oportuno;
tome rancho° cada uno.   take your positic
LA CHISPA   ¿Vuelve la música?

REBOLLEDO   Sí.

LA CHISPA   Agora estoy en mi centro.[27]

1290 CAPITÁN   ¡Que no haya una ventana

---

[25] The sword was the sign of nobility par excellence. A laborer would
not have a sword that is a symbol of nobility. Pedro Crespo, while he is
still a peasant, possesses a sword on account of his wealth.

[26] **Encerraré por...** *I'll lock my kids in.*

[27] **estoy...** *I'm in my element.*

entreabierto esta villana!²⁸

SARGENTO	Pues bien lo oyen allá adentro.
LA CHISPA	Espera.
SARGENTO	Será a mi costa.
REBOLLEDO	No es más de hasta ver quién es quien llega.

1295   LA CHISPA   Pues qué ¿no ves
un jinete de la costa?²⁹

Salen DON MENDO *con adarga,° y* NUÑO.   leather shield

DON MENDO	¿Ves bien lo que pasa?
NUÑO	No, no veo bien, pero bien lo escucho.
DON MENDO	¿Quién, cielos, quién esto puede sufrir?

1300   NUÑO   Yo.

DON MENDO	¿Abrirá acaso Isabel la ventana?
NUÑO	Sí, abrirá.
DON MENDO	No hará, villano.³⁰
NUÑO	No hará.
DON MENDO	¡Ah, celos, pena cruel!

1305   Bien supiera yo arrojar
a todos a cuchilladas°   slashing

---

²⁸ **¡Que no haya...** *But this peasant girl hasn't even left one window ajar!*
²⁹ **jinete de costa...** "one of a special corps raised for the defence of the coasts against raiders from North Africa. They were a kind of Home Guard, armed with lance and shield, and not very effective, as is clear from this joke" (Dunn 132).
³⁰ **villano...**meant as an insult in this case.

de aquí; mas, disimuladas
mis desdichas° han de estar   **misfortunes**
hasta ver si ella ha tenido
culpa dello.°   **de ello**

1310   NUÑO   Pues aquí
nos sentemos.

DON MENDO   Bien: así
estaré desconocido.

REBOLLEDO   Pues ya el hombre se ha sentado
—si ya no es que ser ordena°   **aspires**
1315   algún 'alma que anda en pena°   **ghost**
de las cañas que ha jugado[31]
con su adarga a cuestas—da
voz al aire.

LA CHISPA   Ya él° la lleva.   **el aire**

REBOLLEDO   Va° una jácara tan nueva,   **i.e.,vaya**
que corra sangre.

1320   LA CHISPA   Sí hará.

Salen DON LOPE y PEDRO CRESPO a un tiempo, con broqueles.°   **shields**

LA CHISPA,   *canta: Érase cierto Sampayo,°*   **San Pelayo**
la flor de los andaluces,
el jaque de mayor porte,
y el rufo de mayor lustre.[32]
1325   *Éste, pues, a la Chillona[33]*
topó un día...

REBOLLEDO   No le culpen
la fecha; que el asonante
quiere que haya sido en lunes.[34]

---

[31] **el juego de cañas** a game played on horseback, introduced in Spain by the Moors and held for the aristocracy on special occasions.

[32] **el jaque...***the most illustrious pimp and the ruffian of the highest rank.*

[33] **la Chillona...**common character in *jácaras*. The use of the article before a name was common in *germanía* or Spanish thieves' cant.

[34] "The assonance of *u-e* in lines 1322 and 1324 demands that the *día* of 1326 be *lunes*. This, according to popular superstition, was the day on which women were unfaithful to their husbands or lovers. This accounts for Rebolledo's interjection: 'don't hold the day against him, it's not his

LA CHISPA	[*Canta.*]: *Topó, digo, a la Chillona,*	
1330	*que brindando° entre dos luces,°*	toasting, half-drunk
	ocupaba con el Garlo[35]	
	'la casa de los azumbres.°	tavern
	El Garlo, que siempre fue,	
	en todo lo que le cumple,	
1335	*rayo de tejado abajo,*	
	porque era rayo sin nube,[36]	
	sacó la espada, y a un tiempo	
	un tajo y revés sacude.[37]	

Acuchíllanlos DON LOPE *y* PEDRO CRESPO.

CRESPO	Sería desta manera.
1340 DON LOPE	Que sería así no duden.

Métenlos[38] *a cuchilladas y sale* DON LOPE.

DON LOPE	¡Gran valor! Uno ha quedado dellos, y es el que está aquí.

Sale PEDRO CRESPO.

CRESPO	Cierto es que el que queda ahí sin duda es algún soldado.

---

fault—the rhyme demands it!" (Dunn 132).

[35] **el Garlo** A name derived from the Spanish thieves' cant of the period given to a ruffian with the connotation of an idle talker (*garlar* = to talk, chatter).

[36] **rayo de tejado...** a play on words using *germanía* or Spanish thieves' cant: "*rayo*: 'thunderbolt'; also 'quick on the draw, hot-tempered' (*germ.*); *Tejado*: (1) 'roof; (2) (*germ.*) 'hat,' thus *de tejado abajo*, 'from the hat down, every inch of him.' *Nube*, another double word-play: (1) 'cloud,' (2) (*germ.*) 'cape.' A lightning flash is most destructive when it comes from a cloudless sky, and a mauler like *El Garlo* fights better when he is not hampered by a cape. He does not wear a cape indoors, hence *rayo sin nube* is to be found indoors, *de tejado abajo* (primary meaning)" (Dunn 133).

[37] **un tajo...** terms in swordsmanship: **tajo** *cut* (a type of forehand motion); **revés** *reverse* (a type of backhand motion); **sacude** *lets fly*.

[38] **Métenlos** Short for **métenlos dentro** or **en fuga**. "In performance, Crespo and don Lope would each drive off part of the company of soldiers through opposite wings, then turn back. The play would take place in daylight, but with the whole width of the stage between them, the audience could the more easily accept the pretence that they fail to recognize each other" (Dunn 133).

1345	DON LOPE	Ni aun éste no ha de escapar sin almagre.°

blood

	CRESPO	Ni éste quiero que quede sin que mi acero° la calle le haga dejar.

que quede sin que mi acero° — steel

DON LOPE   ¿No huís con los otros?

CRESPO   Huid vos,
1350   que sabréis huir más bien.

Riñen.

DON LOPE   ¡Voto a Dios, que riñe bien!

CRESPO   ¡Bien pelea, voto a Dios!

Sale JUAN.

JUAN   Quiera el cielo que le tope.
          —Señor, a tu lado estoy.

DON LOPE   ¿Es Pedro Crespo?

1355   CRESPO   Yo soy.
          ¿Es don Lope?

DON LOPE   Sí, es don Lope.
          ¿Que no habíais, no dijisteis,
          de salir? ¿Qué hazaña° es ésta?   action

CRESPO   Sean disculpa y respuesta
1360   hacer lo que vos hicisteis.

DON LOPE   Aquesta era ofensa mía,
          vuestra no.

CRESPO   No hay que fingir,
          que yo he salido a reñir
          por haceros compañía.

1365   LOS SOLDADOS   [*Dentro.*]: ¡A dar muerte nos juntemos
          a estos villanos!

Salen el CAPITÁN y todos.

CAPITÁN	Mirad...	
DON LOPE	¿Aquí no estoy yo? Esperad. ¿De qué son estos extremos?	
CAPITÁN	Los soldados han tenido	
1370	—porque se estaban holgando en esta calle, cantando sin alboroto° y rüido—	disturbance
	una pendencia, y yo soy quien los está deteniendo.°	holding them back
1375 DON LOPE	Don Álvaro, bien entiendo vuestra prudencia; y pues hoy aqueste lugar está	
	'en ojeriza,° yo quiero excusar rigor más fiero;³⁹	upset
1380	y pues amanece ya, orden doy que 'en todo el día,°	for the whole day
	para que mayor no sea el daño, de Zalamea saquéis vuestra compañía;	
1385	y estas cosas acabadas, no vuelvan a ser, porque la paz otra vez pondré, voto a Dios, a cuchilladas.⁴⁰	
CAPITÁN	Digo que aquesta mañana	
1390	la compañía haré marchar. [*Aparte.*] (La vida me has de costar, hermosísima villana.⁴¹)	
Vase.		
CRESPO	[*Aparte.*] (Caprichudo° es el don Lope; ya haremos migas los dos.)	Stubborn
1395 DON LOPE	Veníos conmigo vos, y solo ninguno os tope.°	find

---

³⁹ **excusar...** *avoid more ruthless measures.*
⁴⁰ **y estas cosas...** *let this sort of thing not happen again, or else, by God, I'll impose order with my sword!*
⁴¹ This aside ominously foreshadows the end of the play.

Vanse.

Salen DON MENDO *y* NUÑO *herido.*

DON MENDO	¿Es algo, Nuño, la herida?
NUÑO	Aunque fuera menor, fuera
	de mí muy mal recibida,
1400	y mucho más que quisiera.
DON MENDO	Yo no he tenido en mi vida
	mayor pena ni tristeza.
NUÑO	Yo tampoco.
DON MENDO	Que me enoje
	es justo. ¿Que su fiereza
1405	luego te dio en la cabeza?[42]
NUÑO	Todo este lado me coge.

Tocan.[43]

DON MENDO	¿Qué es esto?
NUÑO	La compañía
	que hoy se va.
DON MENDO	Y es dicha mía,
	pues con este cesarán
1410	los celos del capitán.
NUÑO	Hoy se ha de ir en todo el día.

Salen CAPITÁN *y* SARGENTO.

CAPITÁN	Sargento, vaya marchando	
	antes que decline el día,	
	con toda la compañía,	
1415	y 'con prevención que° cuando	bear in mind that

---

[42] **¿Que su fiereza...** *In his rage, did he strike you on the head?*
[43] **Tocan** Dunn translates this as "a bugle sounds" (133) while Honig translates it as "Drumbeats offstage" (170). What is certain is that some military instrument is played.

	se esconda en la espuma° fría	foam
	del 'océano español°	Atlantic Ocean
	ese 'luciente farol,°	the sun
	en ese monte° le espero,	woods
1420	porque hallar mi vida quiero	
	hoy en la muerte del sol.[44]	

SARGENTO   Calla, que está aquí un figura
del lugar.

DON MENDO [*a* NUÑO]   Pasar procura
sin que entiendan mi tristeza.
1425   No muestres, Nuño, flaqueza.

NUÑO   ¿Puedo yo mostrar gordura?[45]

Vanse DON MENDO *y* NUÑO.

CAPITÁN   Yo he de volver al lugar,
porque tengo prevenida
una crïada, a mirar
1430   si puedo por dicha hablar
a aquesta hermosa homicida.[46]
Dádivas han granjeado,
que apadrine mi cuidado.[47]

SARGENTO   Pues, señor, si has de volver,
1435   mira que habrás menester
volver bien acompañado,[48]
porque al fin no hay que fiar
de villanos.

CAPITÁN   Ya lo sé.
Algunos puedes nombrar
que vuelvan conmigo.

---

[44] **hallar mi vida...** "don Álvaro va a encontrar su vida o felicidad de amante en las sombras, ya que sus fines no son honestos. El capitán obtiene la satisfacción erótica mediante la violencia y con ella la muerte moral. El *sol* es un símbolo positivo de vida, belleza y bondad en la poética neoplatónica" (Valbuena 1990, 130).

[45] By **flaqueza**, don Mendo is referring to the weakness of the soul, but Nuño takes it literally as "thinness," and asks how he could possibly show any corpulence (since he does not get enough to eat).

[46] **homicida** *murderess.* He is dying of love for her (she is killing him).

[47] **Dádivas...***My gifts have won her over in support of my passion.*

[48] **habrás...***you will need to take a good escort.*

1440 SARGENTO   Haré
              cuanto me quieras mandar.
              Pero, ¿si acaso volviese
              don Lope, y te conociese
              al volver?

CAPITÁN   Ese temor°   dread
1445   quiso también que perdiese
              en esta parte° mi amor;   in this respect
              que don Lope se ha de ir
              hoy también a prevenir°   to prepare
1450   todo el tercio a Guadalupe;
              que todo lo dicho supe,
              yéndome ahora a despedir
              dél, porque ya el Rey vendrá,
              que puesto en camino está.

SARGENTO   Voy, señor, a obedecerte.

1455 CAPITÁN   Que me va la vida,[49] advierte.

Vase el SARGENTO.

Salen REBOLLEDO *y* LA CHISPA.

REBOLLEDO   Señor, albricias me da.

CAPITÁN   ¿De qué han de ser, Rebolledo?

REBOLLEDO   Muy bien merecerlas puedo,
              pues solamente te digo...

CAPITÁN   ¿Qué?

1460 REBOLLEDO   ...que ya hay un enemigo
              menos a quien tener miedo.

CAPITÁN   ¿Quién es? Dilo presto.°   right away

REBOLLEDO   Aquel
              mozo, hermano de Isabel.
              don Lope se le pidió
1465   al padre, y él se le dio,

---

[49] **Que me va...** *My life depends on it.*

		y va a la guerra con él. En la calle le he topado, muy galán, muy alentado,°	valiant
1470		mezclando a un tiempo, señor, rezagos de labrador con primicias de soldado.[50] De suerte que el viejo es ya quien pesadumbre° nos da.	trouble
1475	CAPITÁN	Todo nos sucede bien, y más si me ayuda quien esta esperanza me da, de que esta noche podré hablarla.	
	REBOLLEDO	No pongas duda.	
1480	CAPITÁN	Del camino volveré; que agora es razón que acuda a la gente, que se ve ya marchar. Los dos seréis los que conmigo vendréis.	

Vase.

1485	REBOLLEDO	Pocos somos, vive Dios, aunque vengan otros dos, otros cuatro y otros seis.	
1490	LA CHISPA	Y yo, si tú has de volver allá, ¿qué tengo de hacer? Pues no estoy segura yo, si da conmigo el que dio al barbero que coser.[51]	
	REBOLLEDO	No sé qué he de hacer de ti. ¿No tendrás ánimo,° di, de acompañarme?	courage
	LA CHISPA	¿Pues no?	

---

[50] **mezclando...***mixing at the same time, sir, the remnants of a peasant with the beginnings of a soldier.*

[51] **al barbero que coser...** A reference to the man La Chispa slashed with her dagger, requiring him to get stitched up by the barber (see lines 1060ff.). If she stays behind, she's afraid she may run into him again.

1495   Vestido no tengo yo,
                                     ánimo y esfuerzo, sí.

REBOLLEDO   Vestido no faltará;
                                     que ahí otro del paje está
                                     de jineta,[52] que se fue.

1500 LA CHISPA   Pues yo a la par pasaré
                                     con él.[53]

REBOLLEDO   Vamos, que se va
                                     la bandera.[54]

LA CHISPA   Y yo veo agora
                                     por qué en el mundo he cantado
                                     [Canta.] "que el amor del soldado
1505   no dura una hora."

Vanse y salen DON LOPE y PEDRO CRESPO, y JUAN, su hijo.

DON LOPE   A muchas cosas os soy
                                     en extremo agradecido;
                                     pero sobre todas, ésta
                                     de darme hoy a vuestro hijo
1510   para soldado, en el alma
                                     os la agradezco y estimo.

CRESPO   Yo os le doy para criado.

DON LOPE   Yo os le llevo para amigo,
                                     que me ha inclinado en extremo
1515   su desenfado° y su brío,   self-confidence
                                     y la afición a las armas.

JUAN   Siempre a vuestros pies rendido°   humbled
                                     me tendréis, y vos veréis
                                     de la manera que os sirvo,
1520   procurando obedeceros

---

[52] La Chispa tells Rebolledo in lines 1494-96 that she has the courage to join him in this mission, but that she doesn't have the proper military attire to do so. Here, Rebolledo responds that she can use the uniform that the captain's page (**paje de jineta**) left behind. Among the duties of the **paje de jineta** was that of carrying the short lance with tassels (**jineta**), which signified the officer's rank.

[53] **Pues...** *Well, I'll go as him.*

[54] **Bandera...**a military unit, equivalent to a company.

en todo.

CRESPO   Lo que os suplico,
es que perdonéis, señor,
si no acertare° a serviros,   succeed
porque en el rústico estudio,
1525   adonde rejas° y trillos,°   ploughs, threshers
palas,° azadas° y bielgos   shovels, spades
son nuestros mejores libros,
no habrá podido aprender
lo que en los palacios ricos
1530   enseña la urbanidad,°   courtesy
política° de los siglos.   government

DON LOPE   Ya que va perdiendo el sol
la fuerza, irme determino.

JUAN   Veré si viene, señor,
la litera.°   carriage

Vase.

Salen INÉS y ISABEL.

1535 ISABEL   ¿Y es bien iros
sin despediros de quien
tanto desea serviros?

DON LOPE: No me fuera sin besaros
las manos y sin pediros
1540   que liberal° perdonéis   generous
un atrevimiento° digno   insolence
de perdón, porque no el precio
hace el don, sino el servicio.
Esta venera,[55] que aunque
1545   está de diamantes ricos
guarnecida,° llega pobre   adorned (with)
a vuestras manos, suplico
que la toméis y traigáis
por patena,[56] en nombre mío.

---

[55] **venera** Insignia worn as a medallion by knights of the military
orders.
[56] **patena** a medallion worn by peasant girls as an adornment. There
is a clear opposition between **venera** and **patena**.

1550	ISABEL:	Mucho siento que penséis,
		con tan generoso indicio,°
		que pagáis el hospedaje,°
		pues de honra que recibimos,
		somos los deudores.

sign
lodging

indebted

DON LOPE   Esto
1555   no es paga, sino cariño.

ISABEL: Por cariño, y no por paga,
solamente la recibo.
A mi hermano os encomiendo,°   entrust
ya que tan dichoso ha sido,
1560   que merece ir por criado
vuestro.

DON LOPE   Otra vez os afirmo
que 'podéis descuidar dél;[57]
que va, señora, conmigo.

Sale JUAN.

JUAN: Ya está la litera puesta.

DON LOPE: Con Dios os quedad.

1565   CRESPO: El mismo
os guarde.

DON LOPE   ¡Ah, buen Pedro Crespo!

CRESPO   ¡Oh, señor don Lope invicto!°   unconquered

DON LOPE: ¿Quién nos dijera, aquel día
primero que aquí nos vimos,
1570   que habíamos de quedar
para siempre tan amigos?

CRESPO   Yo lo dijera, señor,
si allí supiera, al oiros,
que erais...

DON LOPE   ¡Decid, por mi vida!

Podeis... *you needn't worry about him.*

1575	CRESPO: ...'loco de tan buen capricho.°	stubborn fool

Vase DON LOPE.

En tanto que se acomoda
el señor don Lope, hijo,
ante tu prima y tu hermana,
escucha lo que te digo.
1580 Por la gracia de Dios, Juan,
eres de linaje limpio,
más que el sol, pero villano. [58]
Lo uno y otro te digo;
aquello, porque no humilles
1585 tanto tu orgullo y tu brío,
que dejes, desconfïado,
de aspirar con 'cuerdo arbitrio,°   wise
a ser más; lo otro, porque   determination
no vengas, desvanecido,[59]
1590 a ser menos. Igualmente
usa de entrambos disinios°   **designios**
con humildad;[60] porque siendo
humilde, con recto juicio
acordarás lo mejor;
1595 y como tal, en olvido
pondrás cosas que suceden
al revés en los altivos.°   arrogant
¡Cuántos, teniendo en el mundo
algún defecto consigo,
1600 le han borrado por humildes!
¡Y cuántos, que no han tenido
defecto, se le han hallado,
por estar ellos mal vistos!
Sé cortés sobremanera,°   beyond measure
1605 sé 'liberal y partido;°   generous
que el sombrero[61] y el dinero
son los que hacen los amigos;
y no vale tanto el oro

---

[58] The peasant, for the mere fact of being a peasant, is considered an old Christian, which in turn means of a clean bloodline without relation to Moors or Jews.

[59] **desvanecer**...metaphorically means to give occasion to vanity or presumptuousness.

[60] **usa...** *be humble in pursuit of both these aims.*

[61] **sombrero**...refers to the courtesy of removing one's hat.

		que el sol engendra[62] en 'el indio	
1610		suelo° y que consume el mar,[63]	American soil
		como ser uno bienquisto.°	well-liked
		No hables mal de las mujeres;	
		la más humilde, te digo	
		que es digna de estimación,	
1615		porque, al fin, dellas nacimos.	
		No riñas por cualquier cosa;	
		que cuando en los pueblos miro	
		muchos que a reñir se enseñan,	
		mil veces entre mí digo:	
1620		"aquesta escuela no es	
		la que ha de ser", pues colijo°	infer
		que no ha de enseñarle a un hombre	
		con destreza, gala y brío	
		a reñir, sino a por qué	
1625		ha de reñir; que yo afirmo	
		que si hubiera un maestro solo	
		que enseñara prevenido,	
		no el cómo, el por qué se riña,	
		todos le dieran sus hijos.	
1630		Con esto, y con el dinero	
		que llevas para el camino,	
		y para hacer, en llegando	
		'de asiento,° un par de vestidos,	in permanent
		al amparo° de don Lope	quarters;
		y mi bendición,° yo fío	protection; bles-
1635		en Dios que tengo de verte	sing
		en otro puesto. Adiós, hijo;	
		que me enternezco° en hablarte.[64]	I am moved
	JUAN:	Hoy tus razones imprimo	
1640		en el corazón, adonde	
		vivirán mientras yo vivo.	
		Dame tu mano, y tú, hermana,	
		los brazos, que ya ha partido	
		don Lope mi señor, y es	
		fuerza alcanzarlo.[65]	

---

[62] **el oro...** Because gold has the color and luster of the sun, it was thought that the sun was active in forming it.

[63] Calderón makes a connection between human vanity and the shipwrecks of the galleons used to transport gold from the Americas.

[64] In this speech (lines 1580-1638), Crespo gives advice of moral character to his son, thus presenting a favorite theme in Golden Age theater: the superiority of the peasantry over the nobility.

[65] **es fuerza...** *I must catch up to to him.*

1645	ISABEL:	Los míos°	**brazos**
		bien quisieran detenerte.	

JUAN: Prima, adiós.

INÉS   Nada te digo
con la voz, porque los ojos
hurtan a la voz su oficio.[66]
Adiós.

1650   CRESPO   Ea, vete presto;°   quickly
que cada vez que te miro,
siento más el que te vayas;
y ha de ser, porque lo he dicho.

JUAN: El cielo con todos quede.

Vase.

1655   CRESPO: El cielo vaya contigo.

ISABEL: ¡Notable crueldad has hecho!

CRESPO: Agora que no le miro,
hablaré más consolado.
¿Qué había de hacer conmigo,
1660   sino ser, toda su vida,
un holgazán,° un perdido?   idler
Váyase a servir al Rey.

ISABEL: Que de noche haya salido,
me pesa a mí.

CRESPO   Caminar
1665   de noche 'por el estío,°   in the summer
antes es comodidad
que fatigo, y es preciso
que a don Lope alcance luego
al instante. [*Aparte.*] (Enternecido
1670   me deja, cierto, el muchacho,
aunque en público me animo.)

---

[66] **los ojos**…*the eyes rob the voice of its function* (i.e., tears mean more than words).

	ISABEL:	Éntrate, señor, en casa.	

INÉS:
Pues sin soldados vivimos,
estémonos otro poco
1675 gozando a la puerta el frío
viento que corre; que luego
saldrán por ahí los vecinos.[67]

CRESPO:
 A la verdad, no entro dentro
porque desde aquí imagino
1680 como el camino blanquea,°   disappears
que veo a Juan en el camino.[68]
Inés, sácame a esta puerta
asiento.

INÉS
 Aquí está un banquillo.°   little bench

ISABEL:
Esta tarde diz° que ha hecho   **dicen**
1685 la villa elección de oficios.[69]

CRESPO
Siempre aquí por el agosto
se hace.

Siéntase.

Sale el CAPITÁN, SARGENTO, REBOLLEDO,
CHISPA, *soldados.*

CAPITÁN
 Pisad° sin rüido.   step
Llega, Rebolledo, tú,
y da a la crïada aviso
1690 de que ya estoy en la calle.

REBOLLEDO:
Yo voy. Mas ¡qué es lo que miro!
A su puerta hay gente.

SARGENTO
 Y yo

---

[67] **saldrán...**it was a custom in summer to go out for a some cool air at night

[68] The other major component of Pedro Crespo's character, equivalent to his pride of being a peasant and his concept of dignity, is his love of being a father.

[69] Contrary to what Calderón describes, municipal offices **(oficios)** were typically bought or assigned and occupied by the rural nobility. On occasion, these positions provided a way of ascendance to nobility for rich merchants, desired by all except Pedro Crespo, who has other interests.

	en los 'reflejos y visos°	reflection and sheen
	que la luna hace en el rostro,	
1695	que es Isabel, imagino,	
	ésta.	

CAPITÁN
　　　　　Ella es: más que la luna,
el corazón me lo ha dicho.
A buena ocasión llegamos.
Si, ya que una vez venimos,
1700　nos atrevemos a todo,
buena venida habrá sido.

SARGENTO:　¿Estás para oír un consejo?

CAPITÁN:　No.

SARGENTO
　　　　　Pues ya no te lo digo.
Intenta lo que quisieres.

1705　CAPITÁN:　Yo he de llegar, y, atrevido,
quitar a Isabel de allí.
Vosotros, a un tiempo mismo,
impedid a cuchilladas
el que me sigan.

SARGENTO
　　　　　　　　Contigo
1710　venimos, y a tu orden hemos
de estar.

CAPITÁN
　　　　　　Advertid° que el sitio　　　　Pay attention
en que habemos de juntarnos
es ese monte vecino
1715　que está a la mano derecha,
'como salen del camino.°　　　　as you leave
　　　　　　　　　　　　　　　　　the road

REBOLLEDO:　Chispa.

LA CHISPA　　　　¿Qué?

REBOLLEDO　　　　　Ten estas capas.°　　　cloaks

LA CHISPA:　Que es del reñir, imagino,
la gala, el guardar la ropa,

aunque del nadar se dijo.[70]

1720	CAPITÁN:	Yo he de llegar el primero.	
	CRESPO:	Harto° hemos gozado el sitio. Entrémonos allá dentro.	Enough
	CAPITÁN:	Ya es tiempo, llegad, amigos.	
	ISABEL:	¡Ah traidor! — ¡Señor! ¿Qué es esto?	
1725	CAPITÁN	Es una furia, un delirio de amor.	

Llévala.

	ISABEL	*dentro:* ¡Ah, traidor! —¡Señor!	
	CRESPO:	¡Ah, cobardes!	
	ISABEL	*dentro:* ¡Padre mío!	
	INÉS:	¡Yo quiero aquí retirarme!	

Vase.

	CRESPO:	¡Cómo echáis de ver, ¡ah, impíos!,°	ruthless
1730		que estoy sin espada, aleves,°	treacherous
		falsos y traidores!	
	REBOLLEDO	Idos, si no queréis que la muerte sea el último castigo.	
	CRESPO:	¿Qué importará, si está muerto	
1735		mi honor, el quedar yo vivo?[71]	
		¡Ah, quién tuviera una espada! Cuando sin armas te sigo es imposible, y si airado,	

---

[70] **la gala**...alludes to the proverb *la gala del nadador es saber guardar la ropa* which means that in any event, the most important objective is to avoid injury.

[71] **¿Qué importará**...The loss of honor meant spiritual death according to the rigorous "code" of the time period. By making this statement, Pedro Crespo contradicts his own conception of honor as dignity, *patrimonio del alma*, and instead accepts it as reputation. (Díez Borque 253).

1740   a ir por ella me animo,
los he de perder de vista.[72]
¿Qué he de hacer, hados° esquivos?°   fates, opposing
Que de cualquiera manera
es uno solo el peligro.

Sale INÉS *con la espada.*

INÉS: Ésta, señor, es tu espada.

Vase.

1745   CRESPO: A buen tiempo la has traído.
Ya tengo honra, pues ya tengo
espada con qué seguirlos.[73]
—Soltad la presa,° traidores   Release the captive
cobardes, que habéis cogido;
1750   que he de cobrarla,° o la vida   retrieve her
he de perder.

SARGENTO: Vano ha sido
tu intento, que somos muchos.[74]

CRESPO: Mis males son infinitos
y riñen todos por mí...
1755   Pero la tierra que piso
me ha faltado.

Cae.

REBOLLEDO   ¡Dale muerte!

SARGENTO: Mirad que es 'rigor impío°   merciless cruelty
quitarle vida y honor.

---

[72] **Cuando...** *If I follow you unarmed, it is hopeless, and if I go back for my sword I shall lose sight of them.* Dunn's translation, cited here, stems from his explanation of these difficult lines: "**te sigo** can be addressed to Rebolledo who is covering the Captain's retreat, or we can imagine Crespo, on hearing the distant cries of Isabel, saying it half to her, half to himself. The awkwardness of the phrasing is neither incorrect nor unintelligible, but expresses Crespo's response to the confused and rapidly changing situation." (Dunn 135).

[73] Honor is restored through blood according to the strict rules of the social code. Pedro Crespo once again contradicts his Christian and moral conception of honor.

[74] **somos...** *There are too many of us for you.*

1760		Mejor es en lo escondido del monte dejarle atado, porque no lleve el aviso.
	ISABEL	*dentro*: ¡Padre y señor!
	CRESPO	¡Hija mía!
	REBOLLEDO	[*al Sargento*]: Retírale como has dicho.
1765	CRESPO:	Hija, solamente puedo seguirte con mis suspiros.
	ISABEL	¡Ay de mí!

Llévanle.

Sale JUAN.

	JUAN	¡Qué triste voz!
	CRESPO	*dentro*: ¡Ay de mí!

JUAN   ¡Mortal gemido!°   lamentation
           A la entrada de ese monte,
           cayó mi rocín conmigo,
1770   veloz° corriendo, y yo, ciego,   swiftly
           por la maleza° le sigo.   underbrush
           Tristes voces a una parte,
           y a otra míseros gemidos
           escucho, que no conozco,
1775   porque llegan mal distintos.
           Dos necesidades son
           las que apellidan° a gritos   call
           mi valor; y pues iguales
           a mi parecer han sido,
1780   y uno es hombre, otro mujer,
           a seguir ésta me animo;
           que así obedezco a mi padre
           en dos cosas que me dijo:
           "reñir con buena ocasión,
1785   y honrar la mujer," pues miro
           que así honro a la mujer
            y con buena ocasión riño.

Tercera jornada

Sale ISABEL *como llorando.*

ISABEL

Nunca amanezca a mis ojos
la luz hermosa del día,
1790 porque a su sombra[1] no tenga
vergüenza yo de mí misma.
¡Oh tú, de tantas estrellas
primavera fugitiva,
no des lugar a la aurora
1795 que tu azul campaña° pisa,   field
para que con risa y llanto
borre tu apacible° vista![2]   tranquil
O, ya que ha de ser, ¡que sea
con llanto, mas no con risa!
1800 Detente, oh mayor planeta,°   the sun
más tiempo en la espuma fría
del mar;[3] deja que una vez
dilate° la noche fría   expand
su trémulo imperio;[4] deja

---

[1] **sombra** Dunn explains: "the most usual symbol of honour is the sun. It follows that the sun obscured by clouds is an appropriate image for the shame of dishonour. Isabel cannot take comfort from the sun's light because it reveals her shame to herself, or from the shadows it casts, because they are images of her dishonour" (135).

[2] **¡Oh tú...** Dunn explains: "Isabel addresses the night sky which, being covered with stars is seen as a meadow in spring; the stars are the flowers, and the heavens are an **azul campaña**. The comparison 'starry sky = flowery meadow or garden' is a poetic commonplace, but, as is usual in Calderón, figures of speech are contained within figures of thought; in this case the visual image is contained within the idea that night (like passion) turns things upside down, and does not let things appear as they really are" (136).

[3] Following the metaphor that the sun rises from the sea, Isabel begs that the sun linger in the cold foam (**espuma fría**) of the sea.

[4] **trémulo...** Dunn gives the following explanation: "'tremulous' because (1) the crown of night is studded with shimmering jewels, and (2) because the empire of night is shaky, being always overturned by the coming sun. Nothing needs to be said about the obvious symbolism of darkness and light, night and day; what is dramatically important is Isabel's wish to oppose the light. No one can say that he accepts the rule of light who does not first accept his own shame, in broad day, not hiding in the dark" (136).

1805	que de su deidad se diga,	
	atenta a mis ruegos, que es	
	voluntaria y no precisa.	
	¿Para qué quieres salir	
	a ver en la historia mía	
1810	la más inorme° maldad,	**enorme**
	la más fiera° tiranía	cruel
	que, en vergüenza de los hombres,	
	quiere el cielo que se escriba?	
	Mas ¡ay de mí! que parece	
1815	que es fiera tu tiranía;	
	pues, desde que te rogué	
	que te detuvieses, miran	
	mis ojos tu faz° hermosa	face
	descollarse° por encima	stand out
1820	de los montes. ¡Ay de mí!	
	que acosada° y perseguida	chased
	de tantas penas, de tantas	
	ansias,⁵ de tantas 'impías	
	fortunas,° contra mi honor	adversities
1825	se han conjurado tus iras.	
	¿Qué he de hacer? ¿Dónde he de ir?	
	Si a mi casa determinan	
	volver mis erradas plantas,°	feet
	será dar nueva mancilla°	dishonor
	a un anciano padre mío	
1830	que otro bien, otra alegría	
	no tuvo, sino mirarse	
	en la clara luna⁶ limpia	
	de mi honor, que hoy, desdichado,	
1835	tan torpe mancha le eclipsa.⁷	
	Si dejo, por su respeto	
	y mi temor afligida,	
	de volver a casa, dejo	
	abierto al paso a que digan	
1840	que fui cómplice en mi infamia;	
	y, ciega y inadvertida,	
	vengo a hacer de la inocencia	

---

⁵ **ansias** can have two meanings that both apply here: (1) preoccupation and worry; and (2) a passionate desire, often excessive.

⁶ **luna** means both "moon" and "mirror."

⁷ Throughout this passage there is night sky imagery. A **mancha** is in one sense a macula (or spot) on a celestial body surface. The eclipse represents the magnitude of the blemish of shame that clouds over the night sky and Isabel.

acreedora a la malicia.[8]
¡Qué mal hice, qué mal hice
1845   de escaparme fugitiva
de mi hermano! ¿No valiera
más que su cólera altiva
me diera la muerte, cuando
llegó a ver la suerte mía?
1850   Llamarle quiero, que vuelva
con saña° más vengativa,   fury
y me dé muerte.[9] Confusas
voces el eco repita,
diciendo...[10]

CRESPO [*Dentro.*]   ¡Vuelve a matarme!
1855   Serás piadoso homicida;
que no es piedad el dejar
a un desdichado con vida.

ISABEL   ¿Qué voz es ésta, que mal
pronunciada y poco oída,
1860   no se deja conocer?

CRESPO [*Dentro.*]   Dadme muerte, si os obliga
ser piadosos.[11]

ISABEL   ¡Cielos, cielos!
Otro la muerte apellida,°   calls upon
otro desdichado hay
1865   que hoy a pesar suyo viva.

Descúbrese[12] CRESPO *atado.*

Mas, ¿qué es lo que ven mis ojos?

CRESPO   Si piedades solicita
cualquiera que aqueste monte
temerosamente pisa,
1870   llegue a dar muerte... Mas ¡cielos!

---

[8] **vengo...** *I come to make innocence worthy of suspicion.*
[9] Isabel and her brother's conception of honor is so rigid that to recover it Isabel must die.
[10] Representative of the baroque period, Calderón often uses imagery of optical and audio allusions to represent chaos.
[11] **si os...** *if pity can move you.*
[12] **Descúbrese** *Crespo is revealed to the audience* (by opening a door or concealed recess at the back of the stage).

¿qué es lo que mis ojos miran?

ISABEL   Atadas atrás las manos
     a una 'rigorosa encina...°   heavy oak

CRESPO   Enterneciendo° los cielos   moving to pity
1875   con las voces que apellida...

ISABEL   ...mi padre está

CRESPO   ...mi hija viene.

ISABEL   ¡Padre y señor!

CRESPO   Hija mía,
     llégate, y quita estos lazos.°   restraints

ISABEL   'No me atrevo;° que si quitan   I don't dare
1880   los lazos, que te aprisionan,
     una vez las manos mías,
     no me atreveré, señor,
     a contarte mis desdichas,
     a referirte mis penas;
1885   porque, si una vez te miras
     con manos y sin honor,
     me darán muerte tus iras;
     y quiero, antes que las veas,
     referirte mis fatigas.°   anguish

1890 CRESPO   Detente, Isabel, detente,
     no prosigas; que desdichas,
     Isabel, para contarlas,
     no es menester referirlas.[13]

ISABEL   Hay muchas cosas que sepas,
1895   y es forzoso° que al decirlas,   necessary
     tu valor se irrite, y quieras
     vengarlas antes de oírlas.
     Estaba anoche gozando
     la seguridad tranquila
1900   que, al abrigo° de tus canas,[14]   shelter
     mis años me prometían,

---

[13] **para...** *There are often tales that tell themselves; they need not be spoken.*
[14] **Canas** is literally gray hair. In this instance the gray hair of the old man also represents his wisdom.

cuando aquellos embozados°   disguised
traidores —que determinan
que lo que el honor defiende,
1905   el atrevimiento rinda°—   surrender
me robaron; 'bien así°   in the same way
como de los pechos° quita   breast
carnicero hambriento lobo[15]
a la simple corderilla°   little lamb
Aquel capitán, aquel
1910   huésped ingrato, que el día
primero introdujo en casa
tan nunca esperada cisma°   schism
de traiciones y cautelas,°   tricks
1915   de 'pendencias y rencillas,°   quarrels
fue el primero que en sus brazos
me cogió mientras le hacían
espaldas otros traidores,
que en su bandera militan.[16]
1920   Aqueste intrincado, oculto
monte, que está a la salida
del lugar, fue su sagrado.
¿Cuándo de la tiranía
no son sagrados los montes?°   woods
1925   Aquí, ajena° de mí misma   detached
dos veces me miré, cuando
aun tu voz, que me seguía,
me dejó, porque ya el viento,
a quien tus acentos° fías,   words
1930   con la distancia, 'por puntos°   at times
adelgazándose° iba;   tapering off
de suerte, que las que eran
antes 'razones distintas,°   words heard
no eran voces, sino ruido.   clearly
1935   Luego, en el viento esparcidas,°   scattered
no eran ruido, sino ecos
de unas confusas noticias;
como aquel que oye un clarín[17]
que, cuando dél se retira,
1940   le queda por mucho rato,
si no el ruido, la noticia.

---

[15] **carnicero...** *bloodthirsty, hungry wolf.*

[16] **mientras...** *while the other traitors (his soldiers) covered his retreat and allowed him to get away with it (her rape).*

[17] The bugle (**clarín**) invokes battle imagery, which can be seen here symbolically through Isabel's rape and struggle for her honor.

El traidor, pues, en mirando
que ya nadie hay quien le siga,
que ya nadie hay que 'me ampare,°   protect me
1945   porque hasta la luna misma
ocultó entre pardas° sombras,   dark
o cruel o vengativa,
aquella, ¡ay de mí! prestada
luz, que del sol participa,°   shares
1950   pretendió°—¡ay de mí otra vez   solicited (her)
y otras mil!—con fementidas°   treacherous
palabras, buscar disculpa
a su amor. ¿A quién no admira
querer de un instante a otro
1955   hacer la ofensa caricia?[18]
¡Mal haya el hombre, mal haya
el hombre que solicita
por fuerza ganar un alma,
pues no advierte, pues no mira
1960   que las victorias de amor,
no hay trofeo° en que consistan,   trophy
sino en granjear° el cariño   winning
de la hermosura que estiman!
Porque querer sin el alma
1965   una hermosura ofendida,
es querer una belleza
hermosa, pero no viva.
¡Qué ruegos, qué sentimientos,
ya de humilde, ya de altiva,
1970   no le dije! Pero en vano,
pues (calle aquí la voz mía)
soberbio (enmudezca el llanto),
atrevido° (el pecho gima°),   impudent, moan
descortés° (lloren los ojos),   impolite
1975   fiero (ensordezca° la envidia),   deafen
tirano (falte el aliento°),   breath
osado° (luto me vista)...   audacious
Y si lo que la voz yerra,°   fails
tal vez el acción explica,
1980   de vergüenza cubro el rostro,
de empacho° lloro ofendida,   shame
de rabia tuerzo° las manos,   I contort
el pecho rompo de ira.
Entiende tú las acciones,

---

[18] ¿A quién... *Who is not shocked to see an offense turned into love from one minute to the next?*

1985	pues no hay voces que lo digan.	
	Baste decir que a las quejas°	protests
	de los vientos repetidas,	
	en que ya no pedía al cielo	
	socorro,° sino justicia,	help
1990	salió el alba,[19] y con el alba,	
	trayendo a la luz por guía,	
	sentí ruido entre unas ramas.	
	Vuelvo a mirar quién sería,	
	y veo a mi hermano. ¡Ay cielos!	
1995	¿Cuándo, cuándo ¡ah, suerte impía!	
	llegaron a un desdichado	
	los favores con más prisa?	
	Él, a la dudosa luz	
	que, si no alumbra, ilumina,	
2000	reconoce el daño antes	
	que ninguno se lo diga;	
	que son linces los pesares	
	que penetran con la vista.[20]	
	Sin hablar palabra, saca	
2005	el acero que aquel día	
	le ceñiste;[21] él capitán,	
	el tardo° socorro mira	late
	en mi favor, contra el suyo	
	saca la blanca cuchilla.	
2010	Cierra° el uno con el otro;	Attacks
	este repara, aquel tira;[22]	
	y yo, en tanto que los dos	
	generosamente lidian,[23]	
	viendo temerosa y triste	
2015	que mi hermano no sabía	
	si tenía culpa o no,	
	por no aventurar° mi vida	risk
	en la disculpa, la espalda	
	vuelvo,° y por la entretejida °	I fled, entangled
2020	maleza del monte huyo;	
	pero no con tanta prisa	

---

[19] This is a new temporal indication: the dawn (**alba**) of the fourth day.

[20] A **lince** is a lynx: a short-tailed wildcat known for its keen sight, rumored to have the ability to see through walls. By extension, these qualities are also associated with shrewd and cautious men. Here, the term is used as a metaphor for the fact that the **pesares** discover the truth as quickly as if they were lynxes.

[21] **le ceñiste...** *that you provided him with.*

[22] **este...** *this one defends himself, that one attacks by sword.*

[23] **generosamente...** *they fight bravely.*

que no hiciese de unas ramas
intrincadas celosías,[24]
porque deseaba, señor,
2025   saber lo mismo que huía.
A poco rato, mi hermano
dio al capitán una herida.
Cayó, quiso asegundarle,°   repeat the thrust
cuando los que ya venían
2030   buscando a su capitán,
en su venganza se incitan.
Quiere defenderse; pero,
viendo que era una cuadrilla,°   squad
corre veloz; no le siguen,
2035   porque todos determinan
más acudir° al remedio   attend to
que a la venganza que incitan.
En brazos al capitán
volvieron hacia la villa,
2040   sin mirar en su delito;
que en las penas sucedidas,
acudir determinaron
primero a la más precisa.[25]
Yo, pues, que atenta miraba
2045   eslabonadas y asidas°   united
unas ansias de otras ansias,
ciega, confusa y corrida,°   ashamed
discurrí, bajé, corrí,
sin luz, sin norte, sin guía,
2050   monte, llano y espesura,°   thicket
hasta que a tus pies rendida,
antes que me des la muerte
te he contado mis desdichas.
Agora, que ya las sabes,
2055   generosamente anima
contra mi vida el acero,
el valor contra mi vida;
que ya para que me mates,
aquestos lazos te quitan
2060   mis manos; alguno dellos
mi cuello infeliz oprima.

Desátale.°   she unties him

---

[24] **celosías** *lattice*. Here Isabel peers through the brush to see more
clearly.
[25] **que en...** *they resolved to deal with the most essential of their adversities.*

		Tu hija soy, sin honra estoy	
		y tú libre. Solicita	
		con mi muerte tu alabanza,°	praise
2065		para que de ti se diga	
		que por dar vida a tu honor,	
		diste la muerte a tu hija.[26]	
	CRESPO	Álzate,° Isabel, del suelo;	Get up
		no, no estés más de rodillas;	
2070		que a no haber estos sucesos	
		que atormenten y que persigan,	
		ociosas fueran las penas,	
		sin estimación las dichas.	
		Para los hombres se hicieron,	
2075		y es menester que 'se impriman°	leave an impression
		con valor dentro del pecho.	
		Isabel, vamos aprisa;	
		'demos la vuelta° a mi casa,	return
		que este muchacho peligra	
2080		y hemos menester hacer	
		diligencias exquisitas°	extraordinary
		por saber dél, y 'ponerle	
		en salvo.°	safeguard him
	ISABEL	[*Aparte.*]	
		(Fortuna mía,	
		o mucha cordura,° o mucha	prudence
		cautela es ésta.)	
2085	CRESPO	Camina.	
		¡'Vive Dios,° que si la fuerza	Good God
		y necesidad precisa	
		de curarse hizo volver	
		al capitán a la villa,	
2090		que pienso que le está bien	
		morirse de aquella herida	
		por excusarse de otra	
		y otras mil! que el ansia mía	
		no ha de parar hasta darle	
2095		la muerte. Ea, vamos, hija,	

---

[26] The dramatic antithesis exemplified here is representative of seventeenth century theater, which not only strove to represent verisimilitude, but also to attract and hold the public's attention with strong conflicts (Díez Borque 269).

a nuestra casa.

Sale el ESCRIBANO.°   clerk

ESCRIBANO   ¡Oh, señor
Pedro Crespo!, dadme albricias.

CRESPO   ¡Albricias! ¿De qué, escribano?

ESCRIBANO   El Concejo, aqueste día,
2100   os ha hecho alcalde,° y tenéis   magistrate
             para estrena° de justicia   debut
             dos grandes acciones hoy:
             la primera es la venida
             del Rey, que estará hoy aquí
2105   o mañana en todo el día,
             según dicen; es la otra
             que agora han traído a la villa,
             de secreto, unos soldados,
2110   a curarse con gran prisa,
             aquel capitán que ayer
             tuvo aquí su compañía.
             Él no dice quién le hirió;
             pero, si esto 'se averigua,°   ascertain
             será una gran causa.°   criminal case

CRESPO   [*Aparte.*]
2115   (¡Cielos!
             ¡Cuando vengarme imagina,
             me hace dueño de mi honor
             la vara de la justicia![27]
             ¿Cómo podré delinquir°   to commit a
             yo, si en esta hora misma   crime
2120   me ponen a mí por juez,
             para que otros no delincan?
             Pero cosas como aquestas
             no se ven con tanta prisa.)
             —En extremo agradecido
2125   estoy a quien solicita
             honrarme.

ESCRIBANO   Vení° a la casa   **Venid**
             del Concejo, y recibida

¡Cuando... *When my honor imagines it's going to avenge me, the judge's staff*
(**la vara de la justicia**) *makes me master my honor.*

		la posesión de la vara, haréis en la causa misma averiguaciones.°	inquiries
2130	CRESPO	Vamos. A tu casa 'te retira.°	*retírate*
	ISABEL	¡Duélase el cielo de mí![28] Yo he de acompañarte.	
	CRESPO	Hija, ya tenéis el padre alcalde;[29]	
2135		él os guardará° justicia.	obtain

Vanse.

Salen el CAPITÁN *con banda,° como herido, y el* SARGENTO.   sash

	CAPITÁN	Pues la herida no era nada, ¿por qué me hicisteis volver aquí?
	SARGENTO	¿Quién pudo saber lo que era antes de curada?
2140		Ya la cura prevenida, hemos de considerar que no es bien aventurar hoy la vida por la herida. ¿No fuera mucho peor
2145		que te hubieras desangrado?[30]
	CAPITÁN	Puesto que ya estoy curado, detenernos será error. Vámonos, antes que corra voz de que estamos aquí. ¿Están ahí los otros?
2150	SARGENTO	Sí.

---

[28] **¡Duélase...** *Heaven take pity on me!*

[29] **ya tenéis...** This is an idiom that explains that one has the protection of a judge or person of authority. Robert Marrast sees a reflection of the proverb found in *Don Quijote*: "El que tiene padre alcalde, seguro va al juicio" (Díez Borque 273).

[30] **No fuera...** *Wouldn't it have been much worse had you lost an excessive amount of blood?*

CAPITÁN	Pues la fuga° nos socorra	flight
	del riesgo° destos° villanos;	peril, **de estos**
	que si se llega a saber	
	que estoy aquí, habrá de ser	
2155	fuerza apelar a las manos.[31]	

Sale REBOLLEDO.

REBOLLEDO	'La justicia° aquí se ha entrado.	the officers of justice
CAPITÁN	¿Qué tiene que ver conmigo	
	justicia ordinaria?°	civil justice
REBOLLEDO	Digo	
	que agora hasta aquí ha llegado.	
2160 CAPITÁN	Nada me puede a mí estar	
	mejor, llegando a saber	
	que estoy aquí, y '¡no temer°	let's not fear
	a la gente del lugar!	
	Que la justicia, es forzoso	
2165	remitirme en esta tierra	
	a mi consejo de guerra;	
	con que, aunque el lance° es penoso,°	affair, dreadful
	tengo mi seguridad.[32]	
REBOLLEDO	Sin duda, se ha querellado	
	el villano.[33]	
2170 CAPITÁN	Eso he pensado.	
CRESPO [*Dentro.*]	'Todas las puertas tomad,°	Lock the doors
	y no me salga de aquí	
	soldado que aquí estuviere;	
	y al que salirse quisiere,	
	matadle.	
2175 CAPITÁN	Pues ¿cómo así	
	entráis?	

---

[31] **habrá...** *we'll have to fight our way out barehanded.*

[32] The captain knows that he can only be judged by a court-martial (**consejo de guerra**) of war and so he hopes to come out of the affair favorably. In addition, his position as a captain protects him from the rage of the villagers.

[33] **Sin duda...** Rebolledo doesn't know that Crespo, the *villano*, has now been appointed *alcalde*. Here **querellarse** means *to lodge a complaint.*

[*Aparte.*]
(Mas, ¡qué es lo que veo!)

Sale PEDRO CRESPO *con vara,° y 'los que puedan.°*   staff of justice,
    as many actors
    as possible

CRESPO   ¿Cómo no? A mi parecer,   judge
la justicia° ¿ha menester
más licencia?

CAPITÁN   A lo que creo,
2180   la justicia[34] —cuando vos
de ayer acá lo seáis—
no tiene, si lo miráis,
que ver conmigo.[35]

CRESPO   Por Dios,
señor, que 'no os alteréis;°   don't get worked
que sólo a una diligencia   up
2185   vengo, con vuestra licencia,
aquí, y que solo os quedéis
importa.

CAPITÁN [*al* SARGENTO *y a* REBOLLEDO.]
    Salíos de aquí.

CRESPO [*a los villanos*] Salíos vosotros también.
2190   [*al Escribano.*] Con esos soldados ten
gran cuidado.

ESCRIBANO   'Harélo así.°   Yes, indeed

Vase con los soldados, y se entran los villanos.

CRESPO   Ya que yo, como justicia,
me valí de 'su respeto°   the respect owed
para obligaros a oírme,   to justice
2195   la vara a esta parte dejo,
y como un hombre no más,

---

[34] **justicia** "When Crespo and the captain use a word they mean very different things. Crespo means that Justice has the right of entry anywhere; the captain is saying that the civil magistrate has no jurisdiction over him" (Dunn 138).

[35] **A lo que...** *That which I believe, a (civilian) judge, though you've only been one for a day or so, you'll see has nothing to do with me.* In other words, the captain sees himself as outside of ordinary civil authority because he is a part of the military.

deciros mis penas quiero.

Arrima° la vara.[36]   Set aside

	Y puesto que estamos solos,	
	señor don Álvaro, hablemos	
2200	más claramente los dos,	
	sin que tantos sentimientos	
	como vienen encerrados	
	en las cárceles del pecho	
	acierten a quebrantar°	break
2205	las prisiones° del silencio.	shackles
	Yo soy 'un hombre de bien,°	an honorable man
	que a escoger su nacimiento,	
	no dejara, es Dios testigo,	
	un escrúpulo,° un defecto	doubt
2210	en mí, que suplir pudiera	
	la ambición de mi deseo.	
	Siempre acá, entre mis iguales,	
	me he tratado con respeto;	
	de mí hacen estimación	
2215	el cabildo[37] y el Concejo.	
	Tengo 'muy bastante° hacienda,	more than enough
	porque no hay, gracias al cielo,	
	otro labrador más rico	
	en todos aquestos pueblos	
2220	de la comarca.° Mi hija	region
	se ha crïado, a lo que pienso,	
	con la mejor opinión,	
	virtud y recogimiento	
	del mundo. Tal madre tuvo,	
2225	¡téngala Dios en el cielo!	
	Bien pienso que bastará,	
	señor, para abono° desto,	justification
	el ser rico, y no haber quien	
	me murmure; ser modesto,	
2230	y no haber quien me baldone.°	insult
	Y mayormente, viviendo	
	en un lugar corto,° donde	small
	otra falta no tenemos	

---

[36] He sets aside his staff so that he may speak with the captain, not as the mayor, but as a father and a man.

[37] The **cabildo** most probably refers here to the Hermandad de labradores (small farmers' association), whose governing council in Castile still retains this name (Díez Borque 278).

	más que decir unos de otros	
2235	las faltas y los defectos.	
	¡Y pluguiera a Dios, señor,	
	que se quedara en saberlos!	
	Si es muy hermosa mi hija,	
	díganlo vuestros extremos°…	extreme passions
2240	aunque pudiera, al decirlos,	
	con mayores sentimientos	
	llorar. Señor, ya esto fue	
	mi desdicha. —No apuremos°	drain
	toda la ponzoña° al vaso;	poison
2245	quédese algo al sufrimiento—.	
	No hemos de dejar, señor,	
	salirse con todo al tiempo;	
	algo hemos de hacer nosotros	
	para encubrir° sus defetos.	conceal, **defectos**
2250	Éste, ya veis si es bien grande,	
	pues aunque encubrirle quiero,	
	no puedo; que sabe Dios	
	que a poder estar secreto	
	y sepultado° en mí mismo,	buried
2255	no viniera a lo que vengo;[38]	
	que todo esto remitiera,°	would refer
	por no hablar, al sufrimiento.	
	Deseando, pues, remediar	
	agravio tan manifiesto,	
2260	buscar remedio a mi afrenta,	
	es venganza, no es remedio;[39]	
	y vagando de uno a otro,[40]	
	uno solamente advierto	
	que a mí me está bien y a vos	
2265	no mal; y es que desde luego	
	os toméis toda mi hacienda,	
	sin que para mi sustento°	sustenance
	ni el de mi hijo —a quien yo	
	traeré a echar a los pies vuestros—	

---

[38] A public affront to honor calls for a public vengeance; likewise, a private affront calls for a private vengeance. This idea is encapsulated in the title of Calderón's play *A secreto agravio, secreta venganza*. Here Crespo makes public his dishonor by the punishment he gives the captain when it could have remained a secret.

[39] **buscar remedio** *to seek redress by the sword*. Notice that Crespo asks for an amendment of his honor (**remedio**) and not vengeance (**venganza**). The death of the captain would restore his honor, but not amend Isabel's situation.

[40] **y vagando…** *and going back and forth between one and the other.*

2270	reserve un maravedí°	coin of little value
	sino quedarnos pidiendo	
	limosna,° cuando° no haya	charity, **aun**
	otro camino, otro medio	**cuando**
	con que poder sustentarnos.	
2275	Y si queréis desde luego	
	poner una S y un clavo[41]	
	hoy a los dos y vendernos,	
	será aquesta cantidad	
	más del dote° que os ofrezco.	dowry
2280	Restaurad una opinión	
	que habéis quitado.[42] No creo,	
	que desluzcáis° vuestro honor,	tarnish
	porque los merecimientos°	merits
	que vuestros hijos, señor,	
2285	perdieren por ser mis nietos,	
	ganarán con más ventaja,	
	señor, con ser hijos vuestros.[43]	
	En Castilla, el refrán dice	
	que el caballo —y es lo cierto—	
2290	lleva la silla.[44] Mirad	
	que a vuestros pies os lo ruego	

De rodillas.

	de rodillas y llorando	
	sobre estas canas que el pecho,	
	viendo nieve y agua, piensa	
2295	que se me están derritiendo.[45]	
	¿Qué os pido? Un honor os pido	
	que me quitastes vos mesmo;°	**mismo**
	y con ser mío, parece,	
	según os lo estoy pidiendo	
2300	con humildad, que no os pido	

---

[41] The **"S" + clavo** (nail) was a graphic symbol of the word "slave" (*esclavo*); slaves were often branded with this sign ($).

[42] There is a confrontation here between the internal sense of honor (moral dignity) and the external sense (social renown).

[43] There is a social aspect to Crespo's proposal: the captain will become rich and Pedro's grandchildren will ascend the social hierarchy.

[44] **el caballo lleva la silla** A proverb meaning that nobility is passed on through the father, whatever the status of the mother.

[45] **Llorando...** Crespo's white beard, inclined against his chest, which is representative of the lower side of a mountain, becomes one with it, and it seems as if the snow at the peak (his white hair) is melting because of his tears.

lo que es mío, sino vuestro.[46]
Mirad que puedo tomarle
por mis manos, y no quiero,
sino que vos me los deis.[47]

CAPITÁN

2305   Ya me falta el sufrimiento.[48]
Viejo cansado y prolijo,°   annoying
agradeced que no os doy
la muerte a mis manos hoy,
por vos y por vuestro hijo;
2310   porque quiero que debáis
no andar con vos más cruel,
a la beldad de Isabel.[49]
Si vengar solicitáis
por armas vuestra opinión,
2315   poco tengo que temer;
si por justicia ha de ser,
no tenéis jurisdicción.

CRESPO   ¿Que en fin no os mueve mi llanto?

CAPITÁN   Llantos no se han de crer°   creer
2320   de viejo, niño y mujer.

CRESPO   ¿Que no pueda dolor tanto
mereceros un consuelo?°   consolation

CAPITÁN   ¿Qué más consuelo
pues con la vida volvéis?[50]

2325   CRESPO   Mirad que echado en el suelo,
mi honor a voces os pido.

CAPITÁN   ¡Qué enfado![51]

---

[46] **y con...** *and though that honor is my own, I beg for its return so humbly it must appear I beg for yours.*

[47] Once again the reader notes that Crespo chooses to amend Isabel's honor rather than seek vengeance.

[48] **Ya...** *I can't endure this.* In the following verses Calderón presents the antithesis of Crespo's humble petition. While Crespo, the hero, is able to humble himself, the captain retains his negative arrogance.

[49] **quiero...** *you owe your luck to Isabel and her beauty.*

[50] The captain suggests that Crespo should be happy that the captain has not taken his life.

[51] **¡Qué...** *You're really annoying me!*

CRESPO   Mirad que soy
                         alcalde en Zalamea hoy.[52]

CAPITÁN   Sobre mí no habéis tenido
2330   jurisdicción: el consejo
                         de guerra enviará por mí.

CRESPO   ¿En eso os resolvéis?

CAPITÁN   Sí,
                         caduco° y cansado viejo.   decrepit

CRESPO   ¿No hay remedio?

CAPITÁN   El de callar
2335   es el mejor para vos.

CRESPO   ¿No otro?

CAPITÁN   No.

CRESPO   Juro a Dios
                         que me lo habéis de pagar.
                         —¡Hola![53]

Levántase y toma la vara.
Salen el ESCRIBANO y los villanos.

ESCRIBANO   ¡Señor!

CAPITÁN   [*Aparte.*]
                                      (¿Qué querrán
                         estos villanos hacer?)

ESCRIBANO   ¿Qué es lo que manda?

2340 CRESPO   Prender°   Arrest
                         mando al señor capitán.

CAPITÁN   ¡Buenos son vuestros extremos!

---

[52] Crespo has cried, has humiliated himself, and none of it has won the
captain's empathy. For this reason Crespo symbolically reclaims his
mayor's staff to seek justice by vengeance.
[53] **Hola!** is an interjection used to call an inferior.

Con un hombre como yo,
en servicio del Rey, no
se puede hacer.

2345   CRESPO   Probaremos.°   We'll see
De aquí, si no es preso° o muerto,   prisoner
no saldréis.

CAPITÁN   Yo os apercibo°   advise
que soy un capitán vivo.°   in active duty

CRESPO   ¿Soy yo acaso alcalde muerto?
2350   Daos al instante a prisión.

CAPITÁN   No me puedo defender;
fuerza es dejarme prender.
Al Rey, de esta sinrazón
me quejaré.

CRESPO   Yo también
2355   de esotra.° Y aun bien que está   esa otra
cerca de aquí, y nos oirá
a los dos. Dejar es bien
esa espada.

CAPITÁN   No es razón
que...

CRESPO   ¿Cómo no, si vais preso?

CAPITÁN   Tratad con respeto...[54]

2360   CRESPO   Eso
está muy puesto en razón.
[*A los villanos*] Con respeto le llevad[55]
a las casas,° en efeto,   prison cells
del Concejo; y con respeto
2365   un par de grillos° le echad   shackles

---

[54] Here the captain refers to his sword, but once again allows for Crespo to banter back in his mocking tone the ironic repetition of **con respeto** in the following verse.

[55] The irony, arrogance, and excessive pride that the captain had shown Crespo in his replies come back to haunt him. Now it is Crespo that exemplifies these qualities in the following harsh verses in which he uses the last words of the captain, **con respeto**, in an ironic tone.

	y una cadena;° y tened,	chain
	con respeto gran cuidado	
	que no hable a ningún soldado;	
	y a los dos también poned	
2370	en la cárcel; que es razón,	
	y aparte, porque después,	
	con respeto, a todos tres	
	les tomen la confesión.°	sworn depo-sition
[Al CAPITÁN]	Y aquí, para entre los dos,	
	si hallo harto paño,[56] en efeto,	
2375	con muchísimo respeto	
	os he de ahorcar, juro a Dios.	

Llévanle preso.

CAPITÁN   ¡Ah, villanos con poder!

Vanse.
Salen REBOLLEDO, LA CHISPA, el ESCRIBANO.

ESCRIBANO   Este paje,[57] este soldado
2380   son a los que mi cüidado
                sólo ha podido prender;
                que otro se puso en huida.

CRESPO   Éste el pícaro es que canta;
                con un paso de garganta[58]
2385   no ha de hacer otro en su vida.

REBOLLEDO   Pues ¿qué delito es, señor,
                el cantar?[59]

CRESPO   Que es virtud siento;
                y tanto, que un instrumento
                tengo en que cantéis mejor.
                Resolveos a decir...

2390 REBOLLEDO   ¿Qué?

---

[56] **harto paño** *enough grounds for a conviction.*

[57] This refers to La Chispa who had disguised herself as a page in the second act.

[58] **Paso de la garganta** means both "a trill" (in singing) and, in Spanish thieves' cant, "putting the neck through the noose."

[59] There is a play on words in this section: **cantar** in Spanish thieve's cant signifies "to reveal a secret," "to confess," or "to rat on someone." *Cantar en el potro* (rack) meant to confess a crime by means of torture (stretched on the rack).

CRESPO   ...cuanto anoche pasó...

REBOLLEDO   Tu hija, mejor que yo,
lo sabe.

CRESPO   ...o has de morir.

2395 LA CHISPA   Rebolledo, 'determina
negarlo punto por punto;°   deny it all
serás, si niegas, asunto°   subject
para una jacarandina   **jácara**
que cantaré.

CRESPO   A vos despúes
¿quién otra os ha de cantar?

2400 LA CHISPA   A mí no me pueden dar
tormento.°   torture

CRESPO   Sepamos pues,
¿por qué?

LA CHISPA   Esto es cosa asentada°   established
y que no hay ley que tal mande.

CRESPO   ¿Qué causa° tenéis?   case

LA CHISPA   Bien grande.

CRESPO   Decid, ¿cuál?

2405 LA CHISPA   Estoy preñada.°   pregnant

CRESPO   ¿Hay cosa más atrevida?
Mas la cólera me inquieta.
¿No sois paje de jineta?

LA CHISPA   No, señor, sino de brida.⁶⁰

2410 CRESPO   Resolveos a decir
vuestros dichos.°   sworn testaments

---

⁶⁰ To ride **de jineta** means *with short stirrups* and **de brida** (2409) *with long stirrups*. Chispa is making a joke on her profession through the obvious sexual metaphors of "ride" and "mount."

LA CHISPA	Sí, diremos,
	y aun más de lo que sabemos;
	que peor será morir.

| CRESPO | Esto excusará a los dos |
| | del tormento. |

2415 | LA CHISPA | Si es así, |
| | pues para cantar nací, |
| | he de cantar, vive Dios: |

[*Canta.*] *Tormento me quieren dar.*

| REBOLLEDO | [*Canta.*] *¿Y qué quieren darme a mí?* |

| CRESPO | ¿Qué hacéis? |

2420 | LA CHISPA | Templar[61] desde aquí |
| | pues que vamos a cantar.[62] |

Vanse.
Sale JUAN.

JUAN	Desde que al traidor herí
	en el monte, desde que
	riñendo con él, porque
2425		llegaron tantos, volví
	la espalda, el monte he corrido,
	la espesura he penetrado,
	y a mi hermana no he encontrado.
	En efecto, me he atrevido
2430		a venirme hasta el lugar
	y entrar dentro de mi casa,
	donde todo lo que pasa
	a mi padre he de contar.
	Veré lo que me aconseja
2435		que haga, ¡cielos!, en favor
	de mi vida y de mi honor.

Salen ISABEL y INÉS.

| INÉS | Tanto sentimiento deja; |

---

[61] **Templar** means both *to tune* and *to suppress one's rage.*
[62] Throughout this entire section there is a play on words between "to sing," meaning "to spill the beans," and "to sing" in the literal sense.

	que vivir tan afligida	
	no es vivir, matarte es.	

2440 ISABEL   Pues ¿quién te ha dicho, ¡ay Inés!, <br> que no aborrezco° la vida?   I abhor

JUAN   Diré a mi padre... ¡Ay de mí!
 ¿No es ésta Isabel? Es llano.°   clear
 Pues, ¿qué espero?

Saca la daga.

INÉS   ¡Primo!

ISABEL   ¡Hermano!
 ¿Que intentas?

2445 JUAN   Vengar así <br> la ocasión en que hoy has puesto <br> mi vida y mi honor.[63]

ISABEL   Advierte...

JUAN   Tengo de darte la muerte,
 ¡viven los cielos!

Sale CRESPO *con unos villanos.*

CRESPO   ¿Qué es esto?

2450 JUAN   Es satisfacer, señor, <br> una injuria, y es vengar <br> una ofensa, y castigar...

CRESPO   Basta, basta; que es error <br> que os atreváis ° a venir...   dare

2455 JUAN   ¿Qué es lo que mirando estoy?[64]

---

[63] Since Juan's father is still living, it is Crespo who must restore the lost honor and not his son. However, Juan's concept of honor is so strict, even more so than his father's, that he attempts not only to kill the offender, but also the offended, Isabel.

[64] This verse undoubtedly refers to Crespo's judicial staff that he now bears. Juan questions his father's possession of it as he has not yet heard the news of his appointment as mayor.

CRESPO   ...delante así de mí, hoy,
                    ¡acabando ahora de herir
                    en el monte un capitán!

JUAN   Señor, si le hice esa ofensa,
2460   que fue en honrada defensa
                    de tu honor...

CRESPO   Ea, basta, Juan.
                    —Hola, llevadle también
                    preso.

JUAN   ¿A tu hijo, señor,
                    tratas con tanto rigor?

2465 CRESPO   Y aun a mi padre también,
                    con tal rigor le tratara.
                    [*Aparte.*]
                    (Aquesto es asegurar
                    su vida, y han de pensar
                    que es la justicia más rara
                    del mundo.[65])

2470 JUAN   Escucha por qué,
                    habiendo un traidor herido,
                    a mi hermana he pretendido
                    matar también.

CRESPO   Ya lo sé.
                    Pero no basta sabello°   **saberlo**
2475   yo como yo; que ha de ser
                    como alcalde, y he de `hacer
                    información° sobre ello.   investigate
                    Y hasta que conste° qué culpa   prove
                    te resulta del proceso,
2480   tengo de tenerte preso.
                    [*Aparte.*]
                    (Yo le hallaré la disculpa.°)   acquital

JUAN   Nadie entender solicita
                    tu fin, pues sin honra ya,
                    prendes a quien te la da,

---

[65] Here Crespo acts as an objective and just mayor, which in turn allows him to be an understanding father that aids his son in avoiding danger by putting him in jail.

2485   guardando a quien te la quita.

Llévanle preso.

CRESPO   Isabel, entra a firmar
                esta querella° que has dado   accusation
                contra aquel que te ha injuriado.

ISABEL   ¡Tú, que quisiste ocultar
2490   nuestra ofensa, eres agora
                quien más trata publicarla!⁶⁶
                Pues no consigues vengarla,
                consigue el callarla agora.⁶⁷

CRESPO   No: ya que, como quisiera,
2495   me quita esta obligación
                satisfacer mi opinión
                ha de ser de esta manera.⁶⁸

Vase [ISABEL].

                Inés, pon ahí esa vara;
                pues que por bien no ha querido⁶⁹
2500   ver el caso concluido,
                querrá por mal.

DON LOPE   [*Dentro.*]   ¡Para, para!⁷⁰

CRESPO   ¿Qué es aquesto? ¿Quién, quién hoy
                se apea en mi casa así?
                Pero, ¿quién se ha entrado aquí?

Sale DON LOPE

2505   DON LOPE ¡Oh, Pedro Crespo! Yo soy;
                que, volviendo a este lugar

---

⁶⁶ Here Isabel reminds her father that private dishonor calls for private vengeance, and she does not want her dishonor to become the public matter her father has made it.

⁶⁷ **Pues...** *Since you're unable to avenge the crime, you can at least keep it quiet.*

⁶⁸ Earlier, Crespo wanted to resolve the matter privately by killing the captain, now he cannot do it because he is the mayor of the town and, as such, represents the law.

⁶⁹ The subject of **ha** is **el capitán.**

⁷⁰ **¡Para...** Don Lope is ordering his carriage to stop.

de la mitad del camino,
donde me trae, imagino,
un grandísimo pesar,
2510 no era bien ir a apearme
a otra parte, siendo vos
tan mi amigo.

CRESPO   Guárdeos Dios;
que siempre tratáis de honrarme.

DON LOPE Vuestro hijo no ha parecido°   appeared
por allá.

2515 CRESPO   Presto sabréis
la ocasión. La que tenéis,
señor, de haberos venido
'me haced° merced de contar;   **hacedme**
que venís mortal,° señor.   worn out

2520 DON LOPE La desvergüenza es mayor
que se puede imaginar.
Es el mayor desatino°   nonsense
que hombre ninguno intentó.
Un soldado me alcanzó
2525 y me dijo en el camino...
—Que estoy perdido,° os confieso,   beside myself
de cólera.

CRESPO   Proseguí.°   **Proseguid**

DON LOPE ...que un alcaldillo° de aquí   trifling mayor
al capitán tiene preso;
2530 Y ¡voto a Dios! no he sentido
en toda aquesta jornada
esta pierna excomulgada,°   damned
si es hoy, que me ha impedido
el haber antes llegado
2535 donde el castigo le dé.
¡Voto a Jesucristo,[71] que
al gran desvergonzado
'a palos° le he de matar!   by flogging

CRESPO Pues habéis venido en balde,

---

[71] **¡Voto a...** another angry interjection, equivalent to the ¡*Voto a Dios!* and ¡*Cuerpo de Cristo!* seen earlier.

2540	porque pienso que el alcalde no se los° dejará dar.	**los palos**
DON LOPE	Pues dárselos sin que deje dárselos.	
CRESPO	Malo lo veo; ni que haya en el mundo, creo,	
2545	quien tan mal os aconseje. ¿Sabéis por qué le prendió?	
DON LOPE	No; mas sea lo que fuere, justicia la parte° espere	**legal party**
	de mí; que también sé yo	
2550	degollar,° si es necesario.	**to behead**
CRESPO	Vos no debéis de alcanzar, señor, lo que en un lugar es un alcalde ordinario.[72]	
DON LOPE	¿Será más de un villanote?°	**hick**
2555 CRESPO	Un villanote será, que si cabezudo° da	**obstinate**
	en que ha de darle garrote,[73] 'par Dios,° se salga con ello.	**por Dios**
DON LOPE	¡No se saldrá tal, par Dios!	
2560	Y si por ventura vos, si sale o no, queréis vello,°	**verlo**
	decidme dó° vive o no.	**dónde**
CRESPO	Bien cerca vive de aquí.	
DON LOPE	Pues a decirme vení quién es el alcalde.	
2565 CRESPO	Yo.	

---

[72] **alcalde ordinario** *village magistrate*. Dunn interprets these words to mean: "He may be only an *alcalde ordinario*, but you don't realize what powers he has in his own village!" (139).

[73] **darle...** *to garrote (execute by strangulation)*. The garrote was an instrument used to execute those condemned to death. It consisted of an iron ring which was fastened around the neck of the condemned man; a large screw pinched the neck tightly, causing death by strangulation (see illustration on book cover).

	DON LOPE	¡Voto a Dios, que 'lo sospecho!°	I'm not surprised
	CRESPO	¡Voto a Dios, como os le he dicho!	
	DON LOPE	Pues, Crespo, lo dicho dicho.	
	CRESPO	Pues, señor, lo hecho hecho.	
2570	DON LOPE	Yo por el preso he venido, y a castigar este exceso.	
	CRESPO	Yo acá le tengo preso por lo que acá ha sucedido.	
2575	DON LOPE	¿Vos sabéis que a servir pasa al Rey, y soy su juez yo?	
	CRESPO	¿Vos sabéis que me robó a mi hija de mi casa?	
	DON LOPE	¿Vos sabéis que mi valor dueño desta causa ha sido?[74]	
2580	CRESPO	¿Vos sabéis cómo atrevido robó en un monte mi honor?	
	DON LOPE	¿Vos sabéis cuánto os prefiere el cargo que he gobernado?[75]	
2585	CRESPO	¿Vos sabéis que le he rogado con la paz, y no la quiere?	
	DON LOPE	Que os entráis, es bien se arguya,[76] en otra jurisdicción.	
	CRESPO	Él se me entró en mi opinión,[77]	

---

[74] **¿Vos sabéis...** *Don't you know that my rank has given me charge of this case?*

[75] **¿Vos sabéis...** *Do you know how much higher than yours is the position which I occupy?* **Preferir** *to take precedence over.*

[76] **es bien...** *it will have to be argued that... (i.e., there is no escaping the fact that you are encroaching...).*

[77] **Él se me...** *He intruded into the area of my personal honor.* This is a key to why Crespo breaks the separation of the two jurisdictions and enters into what is typically a military matter. Just as the captain entered into a jurisdiction not his own in raping Crespo's daughter, so will Crespo enter

sin ser jurisdicción suya.

2590 DON LOPE Yo os sabré satisfacer,
obligándome a la paga.[78]

CRESPO Jamás pedí a nadie que haga
lo que yo me puedo hacer.

DON LOPE Yo me he de llevar el preso.
2595 Ya estoy en ello empeñado.[79]

CRESPO Yo por acá he sustanciado
el proceso.[80]

DON LOPE ¿Qué es proceso?

CRESPO Unos pliegos° de papel   sheets
que voy juntando, En razón
2600 de° hacer la averiguación°   in order to, in-
de la causa.   vestigation

DON LOPE   Iré por él
a la cárcel.

CRESPO   No embarazo°   I don't obstruct
que vais.° Solo se repare   vayáis
que hay orden que al que llegare
2605 le den un arcabuzazo.[81]

DON LOPE Como a esas balas estoy
enseñado yo a esperar...[82]
Mas no se ha de aventurar°   risk
nada en el acción de hoy.

Sale un SOLDADO.

2610   —Hola, soldado, id volando,
y a todas las compañías

---

into a foreign jurisdiction to have him punished.
[78] **oblingándome...** *he'll be obliged to pay for the crime.*
[79] **Ya...** *I already have my mind set on it.*
[80] **he sustanciado...** *I have gone through the due process of law.*
[81] **arcabuzazo** *harquebus shot.* The harquebus was a matchlock gun invented in the 15th century which was portable but heavy and was usually fired from a support.
[82] **como...** *To these bullets I am fairly well accustomed...*

		que alojadas estos días	
		han estado y van marchando	
		decid que, bien ordenadas,	
2615		lleguen aquí en escuadrones,°	squadrons
		con balas en los cañones	
		y con las cuerdas caladas.[83]	

SOLDADO   No fue menester llamar
la gente; que habiendo oído
2620   aquesto que ha sucedido
se han entrado en el lugar.

DON LOPE   Pues, ¡voto a Dios! que he de ver
si me dan el preso o no.

CRESPO   Pues, ¡voto a Dios!, que antes yo
2625   haré lo que se ha de hacer.

Éntranse.

Tocan cajas y dicen dentro:

DON LOPE   Ésta es la cárcel, soldados,
adonde está el capitán.
Si no os le dan al momento,
poned fuego y 'la abrasad,°   **abrasadla**
y si se pone en defensa   (scorch it)
2630   el lugar, todo el lugar.

ESCRIBANO   Ya, aunque rompan la cárcel,
no le darán libertad.

DON LOPE   ¡Mueran aquestos villanos!

2635 CRESPO   ¿Que mueran? Pues, ¿qué? ¿no hay más?

DON LOPE   Socorro les ha venido.
¡Romped la cárcel; llegad,
romped la puerta!

Sale el REY, *todos se descubren,*° *y* DON LOPE,   remove their hats
y CRESPO.

---

[83] **con las...** *with the fuse of the musket ready for firing.*

	REY	¿Qué es esto?[84]
		Pues, ¿desta manera estáis,
		viniendo yo?

2640 DON LOPE   Ésta es, señor,
la mayor temeridad
de un villano, que vio el mundo.
Y, ¡Vive Dios! que a no entrar
en el lugar tan a prisa,
2645 señor, Vuestra Majestad,
que había de hallar luminarias[85]
puestas por todo el lugar.

REY   ¿Qué ha sucedido?

DON LOPE   Un alcalde
ha prendido un capitán;
2650 y, viniendo yo por él
no le quieren entregar.

REY   ¿Quién es el alcalde?

CRESPO   Yo.

REY   ¿Y qué disculpa me dais?

CRESPO   Este proceso, en que bien
2655 probado el delito está,
digno de muerte, por ser
una doncella° robar,   virgin
forzarla en un despoblado,
y no quererse casar
2660 con ella, habiendo su padre
rogádole con la paz.[86]

---

[84] The king appears suddenly, empowered with almost divine jurisdiction that everyone will adhere to. This is a recurring scene in Golden Age theater. Felipe II, the king in this case, impartially listens to the arguments of the two sides. He allows for the punishment of the captain only because he acted contrary to that of a nobleman, not to overturn the established hierarchy of justice (Montero Reguera 168).
[85] **luminarias** *illuminations.* To celebrate special occasions such as a royal visit, villages would be lit up with torches and bonfires. The king has just arrived, so don Lope, with grim military humor, talks of lighting up the village, meaning that he was going to set it alight (Dunn 139).
[86] **habiendo...** *having begged him to make a peaceful arrangement.*

DON LOPE   Éste es el alcalde, y es
                su padre.

CRESPO   No importa en tal
                caso,[87] porque, si un extraño
2665   se viniera a querellar,
                ¿no había de hacer justicia?
                Sí. Pues ¿qué más se me da
                hacer por mi hija lo mismo
                que hiciera por los demás?
2670   Fuera de que, como he preso
                un hijo mío, es verdad
                que no escuchara a mi hija,
                pues era la sangre igual.
                Mírese, si está bien hecha
2675   la causa, miren si hay
                quien diga que yo haya hecho
                en ella alguna maldad,
                si he inducido° algún testigo,   put pressure on
                si está algo escrito demás
2680   de lo que he dicho, y entonces
                me den muerte.

REY   Bien está
                sustanciado; pero vos
                no tenéis autoridad
                de ejecutar la sentencia
2685   que toca a otro tribunal.[88]
                Allá hay justicia; y así,
                remitid al preso.

CRESPO   Mal
                podré, señor, remitirle;
                porque, como por acá,
2690   no hay más que sola una audiencia,
                cualquier sentencia que hay,
                la ejecuta ella; y así,
                ésta ejecutada está.[89]

---

[87] Crespo distinguishes between vengeance and justice. He presents himself before the king as an impartial judge, and not as a father whose honor has been offended.

[88] The king points out that Crespo's authority as town mayor does not give him jurisdiction in military cases, where a court-martial is appropriate.

[89] **no hay...** *there is only one tribunal and whatever sentence is given it executes and so this sentence was executed.*

REY   ¿Qué decís?

CRESPO   Si no creéis
2695   que es esto, señor, verdad,
             volved los ojos, y vedlo.
             Aqueste es el capitán.[90]

Aparece dado garrote en una silla el CAPITÁN.

REY   Pues ¿cómo os atrevisteis?

CRESPO   Vos habéis dicho que está
2700   bien dada aquesta sentencia;[91]
             luego, esto no está hecho mal.

REY   El consejo ¿no supiera
             la sentencia ejecutar?[92]

CRESPO   Toda la justicia vuestra[93]
2705   es solo un cuerpo, no más.
             Si éste tiene muchas manos,
             decid, ¿qué más se me da
             matar con aquesta un hombre
             que estotra había de matar?
2710   Y ¿qué importa errar lo menos
             quien acertó lo demás?[94]

REY   Pues, ya que aquesto sea así,

---

[90] One must suppose that a curtain was drawn back and behind the corpse of the captain sitting on the chair. These curtains, habitual in Golden Age theater pieces, were used to suggest the atmosphere of the work, to help conduct changes of scene and decorations, sudden appearances, and to show the results of some act of violence, as we see here (Montero Reguera 170-71).

[91] Actually, the King had only stated that the case had been properly drawn up, not that he approved of the sentence. Dunn points out "that for the King to say the case has been properly conducted is also to approve the sentence, since the law has fixed the sentence for this offence. The King, at any rate, does not protest that his words have been unduly stretched" (140).

[92] **El consejo...** *Shouldn't the military court have executed the sentence?*

[93] The following verses reveal an interesting theory of justice on behalf of the newly elected mayor. He flatters the king by reminding him that he is the sole arbiter of justice, and that all justice is united as it finds its authority in him.

[94] **¿qué importa...** *what does it matter if one errs in a minor detail when everything else was done right?*

         ¿por qué, como a capitán
         y caballero, no hicisteis
         degollarle?[95]

2715   CRESPO   '¿Eso dudáis?°   You ask me that?
         Señor, como los hidalgos
         viven tan bien por acá,
         el verdugo° que tenemos   executioner
         no ha aprendido a degollar.
2720   Y ésa es querella del muerto,
         que toca a su autoridad;[96]
         y hasta que él mismo se queje,
         no les toca a los demás.

      REY   Don Lope, aquesto ya es hecho.
2725   Bien dada la muerte está;
         que no importa errar lo menos
         quien acertó lo demás.
         Aquí, no quede soldado
         ninguno, y haced marchar
2730   con brevedad; que me importa
         llegar presto a Portugal.
         —Vos, por alcalde perpetuo
         de aquesta villa 'os quedad.°[97]   **quedaos**

      CRESPO   Solo vos a la justicia
2735   tanto supierais honrar.
      Vase el REY.

      DON LOPE   Agradeced al buen tiempo
         que llegó su Majestad.

      CRESPO   Par Dios, aunque no llegara,
         no tenía remedio ya.

2740   DON LOPE   ¿No fuera mejor hablarme,
         dando el preso y remediar
         el honor de vuestra hija?

---

[95] Noblemen were to be beheaded (**degollar**) rather than strangled due to their higher social standing.

[96] **Y ésa...** *And that is a dispute for the dead man, since it falls under his jurisdiction.*

[97] The original election of Crespo as mayor is now enforced by the king and his position becomes perpetual.

CRESPO	Un convento tiene ya
	elegido y tiene Esposo°
2745	que no mira en calidad.°

i.e., Jesus Christ
social origin

DON LOPE   Pues dadme los demás presos.

CRESPO   Al momento 'los sacad.°

sacadlos

Vase el ESCRIBANO.

Salen REBOLLEDO *y* LA CHISPA.

DON LOPE   Vuestro hijo falta, porque
siendo mi soldado ya,
no ha de quedar preso.

2750 CRESPO   Quiero
también, señor, castigar
el desacato° que tuvo

disrespect

de herir a su capitán;
que, aunque es verdad que su honor
2755 a esto le pudo obligar,
de otra manera pudiera.

DON LOPE   Pedro Crespo, bien está.
Llamadle.

CRESPO   Ya él está aquí.

Sale JUAN.

JUAN   Las plantas, señor, 'me dad,°
2760 que a ser vuestro esclavo iré.

dadme

REBOLLEDO   Yo no pienso ya cantar
en mi vida.

LA CHISPA   Pues yo sí,
cuantas veces a mirar
llegue al pasado instrumento.[98]

2765 CRESPO   Con que fin el autor da
a esta historia verdadera.

---

[98] **instrumento** both a musical instrument and an instrument of torture.

Los defetos perdonad .[99]

---

[99] This was the habitual form of *captatio benevolentiæ*, or begging forgiveness for the play's "defects." It is customary for Spanish plays of the Golden Age to end with such lines aimed at the audience.

Spanish-English Glossary

This glossary contains the words glossed in the margins and translated in the footnotes, as well as some other words that you may not know or remember. While the particular meaning of a word was only glossed once in the text, meanings often change as the context of the word changes. Each time a word appeared in the text with a new meaning, it was glossed. This glossary contains all of those meanings for each word.

Please keep in mind that the meanings given here for each particular word are only for that word in the specific context of the play in which it appears. Some of these words may have vastly different meanings in other contexts, so this glossary is not necessarily a good indication of the general meaning of the words listed herein.

If you should find definitions that are not helpful or if you have other suggestions for entries, I would be happy to hear from you (vmartin @udel.edu).

abono *m* justification
aborrecer (1st pers. pres. ind., **aborrezco**) to abhor, detest, hate
abrasar to scorch, to burn
abrigo *m* shelter
acabado,-a carried out, come to an end
acento *m* words
acero *m* steel, sword
acertar (e>ie) — **a** to happen, to succeed, to get right
acomodar ro prepare
acosar to chase
acreedor, a (a) worthy of
acuchillar to stab
acudir to come, — **a** to take care of, to attend to
adarga *f* oval, leather shield
adelgazar to lose weight, to taper off
aderezar to prepare
además = demás
admirar to surprise
advertencia *f* warning
advertir (e>ie) to notice
afeite *m* cosmetics
aficionarse to take a liking to
afligirse (1st pers. pres. ind. **me aflijo**) to get upset

agora = ahora
agradar to be pleasing to
agradecer (1st pers. pres. ind. **agradezco**) to thank
agravio *m* offense
aguardar to wait, to wait for
ahorcar to hang
ajeno -a *m/f* detached
alabanza *f* praise
alba *f* dawn
alboroto *m* disturbance
albricias *fpl* a form of greeting, expression of apiñes, a reward for good news
alcalde -esa *m/f* mayor, magistrate
alcaldillo trifling mayor
alcanzar to grasp, understand
alcázar *m* palace
alentado,-a brave, valiant
aleve treacherous
alférez *m/f* lieutenant
alicantina *f* swindle
aliento *m* breath
alimento *m* food
alma *f* soul
almagre *m* blood
alojado,-a lodged
alojar to provide lodging, to rest

alterarse to get worked up
altivo,-a arrogant
alto *m* stop
alumbrar to give light
alzarse to get up, rise
amanecer (1st pers. pres. ind.
     amanezco) to rise (*el sol*), to
     dawn, to get light, to begin to
     appear
amo -a *m*/*f* master
amparar to protect
amparo *m* favor
ánimo courage
animoso,-a spirited
anochecer to get dark
ansia *f* torment
apacible kind, peaceful, tranquil
aparato *m* instrument
apearse to dismount
apellidar to call, to summon
apercibir to advise
aposento *m* room, **hacer el** — to
     prepare the room
apurar to drain
aquesa = esta
aquesta = esta
arbitrio *m* judgment, determination
arcabuzazo *m* rifle shot
argüir (üi>uy) to reproach
arrimar to set aside
arrojar to knock over
arrollado,-a furled, rolled
aseado,-a clean
asegundar to repeat
asentado,-a agreed, settled
asido,-a united
asiento *m* fixed place
asomarse to look out of
asunto *m* subject
atar to tie up
atenerse (1st pers. pres. ind.
     aténgome) to stick with
atento,-a attentive
álomo *m* particle
atreverse to threaten, to dare
atrevido,-a insolent, impudent
atrevimiento *m* insolence
audiencia *f* court
aventurar to risk
averiguación *f* inquiry,
     ascertainment, investigation

averiguar to ascertain
azada *f* spade
azulejo *m* glazed tile
azumbre *f* tavern

bajeza *f* baseness
bala *f* bullet
balde *m* **en** — in vain
baldonar to insult, affront
banda *f* sash (adornment worn by
     military officials)
bandera *f* flag, military unit
bando *m* order
banquillo *m* little bench
bastante enough, **muy** — more than
     enough
bastar to be sufficient, **¡Basta!**
     Enough!
beldad *f* beauty
bebdición *f* blessing
bengala *f* military insignia (staff)
bielgo (= bieldo) *m* winnowing fork,
     spade
bien good, **más** — better, **un
     hombre de** — an honorable man
bienquisto,-a well-liked
blanquear to disappear
blasonar to boast
bola *f* marble
boleta *f* certificate of occupancy
     given to soldiers
boliche *m* bowling game
brindar to toast
brío *m* inhibition, valor
broquel *m* shield
bruto *m* beast

cabellera *f* wig, **hacer** – to put on
cabezudo,-a obstinate
cabo *m* head of army
cadena *f* chain
caduco,-a decrepit
caja *f* drum
calado,-a (*un arma*) ready for firing
calidad *f* social origin
calvo,-a bald
calzarse to put on, to wear, **calzado
     de frente** wearing a hat
camarada *m*/*f* comrade
campanario *m* bell tower
campaña *f* field

cana *f* gray hair
cansancio *m* fatigue
cantaleta *f* noise made from singing
   and carrying on mixed with a
   few, out of sync instruments
cantar to sing, to reveal a secret
   through means of torture
cántico *m* song
capa *f* cloak
caprichudo,-a stubborn, obstinate
carga *f* burden
cargado,-a burdened
cargar to burden
caricia *f* caress
carne *f* flesh
carnero *m* sheep
carnicero,-a bloodthirsty, *m/f*
   butcher
cas = casa
casa *f* prison cell
castañeta *f* sound of castanets
castigo *m* punishment
causa *f* criminal case, case
cautela *f* caution, cunning
cebada *f* barley
ceñir (*una espada*) to wear
cerrar (e>ie) to close ranks
cesar to stop, ¡**Cesa!** Be quiet!
cielo *m* heaven, ¡**Viven los —s!**
   Heavens!
cierra attacks
cisma *f* schism
citado,-a aforementioned
cítara *f* zither, a musical instrument
   similar to the guitar
clavo *m* nail
cobrar to charge, to recuperate what
   has been lost, to retrieve
cólera rage
colijar to infer, conclude
color pretext
comarca *f* region
comisario -a *m/f* commissioner
concejo *m* town council
confesión *f* sworn deposition
conseguir (1st pers. pres. ind.
   consigo) to obtain
consejo *m* advice
constar to prove
consuelo *m* consolation
convenir (e>ie, 1st pers. pres. ind.

convengo) to suit
corderilla *f* litle lamb
cordura *f* good sense, prudence
corona *f* queen, crown
coronar to crown
corral *m* courtyard
corrido,-a confused, ashamed,
   embarrassed
corto,-a small
cosica = cosita
crer = creer
criado,-a *m/f* servant
cuadrilla squad
cuerda *f* fuse
cuerdo,-a wise
cuestión *f* brawl
cuidado *m* care, worry
cuitado,-a coward
cumplir to fulfill

dama *f* noblewoman
dar (1st pers. pres. ind. **doy**) to give,
   — con to hit
defeto = defecto
degollar (o>üe) to behead
deidad *f* deity
dél = de él
delinquir (1st pers. pres. ind.
   delinco) to commit a crime
della = de ella
dello = de ello
dellos = de ellos
demás = además
derretir (e>i) to melt
desacato *m* disrespect
desairado,-a scorned
desalmado,-a cruel
desangrar to lose an excessive
   amount of blood
desatar to untie
desatino *m* foolishness, nonsense
descanso *m* rest
descollarse to stand out
   (prominently)
descortés impolite
desdén *m* scorn
desdicha *f* misfortune
desembarazo *m* surely
desenfado *m* self-confidence
desenvainar to unsheathe/draw a
   sword

deshecha *f*, see hacer
deshonrar to insult
designio *m* intention, plan, aim
deslucir (1st pers. pres. ind.
　　desluzco) to tarnish
desnudo,-a (*una espada*) unsheathed
deso = **de** + **eso**
despejado,-a clearheaded
despejo *m* lack of inhibition
desta = **de** + **esta**
desto = **de** + **esto**
desván *m* loft
desvergüenza *f* shamelessness
detenerse (1st pers. pres. ind.
　　detengo) to stop
deuda *f* debt
diamante *m* diamond
dicha *f* luck
dicho *m* sworn testament
dichoso,-a happy
dilatar to expand
diligencia *f* action
disculpa *f* acquittal
disculpar to excuse
disimular to hide, to pretend
disgustarse to get upset
disgusto *m* trouble
dislate *m* absurdity
disparate *m* blunder, **tener por** — to
　　be foolish
distinto,-a clear
divertir to distract, to amuse
do = **donde, dó** = **dónde**
doler (o>ue) to hurt
donaire *m* joke
doncella *f* virgin
dote *m* dowry
dudar to doubt
dueño -a ruler

edad *f* time
efeto = **efecto**
ejecutoria *f* patent of nobility
ejemplillo *m* little example
embarazar to obstruct
embarcarse to set sail
embozado,-a having one's face
　　covered, disguised
empacho *m* shame
empañar to cloud over
empeño *m* undertaking

empresa *f* arduous task
enajenar to deprive of reason
encina *f* oak
encomendar (e>ie) to put in charge
encubrir to conceal
enfadarse to get angry
enfado *m* annoyance
engañar to deceive
engendrar to breed
enmendar to amend
ensordecer (1st pers. pres. ind.
　　ensordezco) to deafen
enternecer (1st pers. pres. ind.
　　enternezco) to move to pity,
　　enternecerse to be moved to
　　compassion
entrambos, as both
entre between, — **las luces** nearly
　　inebriated
entretejido,-a entangled
entretener (1st pers. pres. ind.
　　entretengo) to amuse
entretenido,-a entertained
era *f* threshing floor
errar (1st pers. pres. ind. **yerro**) to
　　err, to fail
escalera *f* staircase
escarcha *f* frost
escribano -a *m/f* clerk
escrúpulo *m* scruple
escuadrón *m* squadron
eslabonado,-a united
esotra = **esa** + **otra**
espada *f* sword; **volver la** — to flee
espantar to frighten
esparcido,-a scattered
espesura *f* thicket
espuma *f* foam
esquina *f* corner
esquivo,-a elusive, opposed
estancia *f* dwelling
estimar to velue
estío *m* summer
estorbar to hinder
estotra = **esta** + **otra**
estrena = **estreno** debut
estropear to ruin
excomulgado,-a damned
exención *f* exemption
exquisito,-a extraordinary
extrañar to surprise

extremo *m* extreme (passion)

faisán *m* pheasant
faltar to not have enough, to be
    absent, to lack
fama *f* reputation
fantasma *m* braggart
farol *m* beacon
fatigas *fpl* anguish, misery
faz *f* face
fementido,-a treacherous
festejar to woo, to court
fiarse to trust
fiero,-a fierce, cruel
fineza *f* flattery
fingir to pretend
forzoso,-a necessary
fuera de besides
fuga *f* flight, escape
fulano *m* so-and-so
fulgúreo,-a bright
fulminar to finish
fundado,-a better

galán *m* gallant
galgo -a *m/f* greyhound
gallina *f* hen, *m/f* chicken, coward
gañán *m* farmhand
garrote *m* **dar** — to garrote (execute
    by strangulation)
gemido *m* lamentation
gemir (e>i) to moan
gitano -a *m/f* gypsy
gorjear to sing
granjear to win
grave solemnly
grillos *mpl* shackles
guante *m* glove
guardar to keep, **Dios os guarde**
    may God be with you, to obtain
guardarnés *m* armory
guarnecido —**a** *m/f* —**de** adorned
    with
guija *f* type of pea plant

hacer (1ˢᵗ pers. pres. ind. **hago**) to
    make, to do, — **jugar** to gamble,
    — **información** to investigate, —
    caso de to take notice of, —
    migas to get along, —**la**
    deshecha to pretend

hacienda *f* property
hado *m* fate
hallar to find, to catch
hambriento,-a hungry
harto,-a enough
hazaña *f* deed, exploit
heredar to inherit
hidalgo -a *m/f* low-ranking
    nobleman/noblewoman
hidalgo,-a noble
hidalguez *f* low-ranking nobility
holgarse (o>ue) to celebrate
holgazán -a *m/f* idler
homicida *m/f* murderer
horno *m* oven
hospedaje *m* billeting, hospitality
huésped -a *m/f* host
huir (i>y) to flee
humildad *f* humility
hurgón *m* poker (fire), thrust
    (sword)

ida *f* departure
ignorar to not know
imperio *m* empire
impertinencia *f* out of place
impío,-a impious, ruthless
imprimir to impress
inadvertencia *f* careless
indicio *m* sign, trace
inducir to persuade, to influence, to
    put pressure on
industria *f* strategy
infante *m* prince
ingenio *m* wit, ingenuity
inorme = **enorme**
inquietar to worry
instante *m* moment, **al** —
    immediately
intercesión *f* mediation
invención *f* fabrication
invicto —**a** *m/f* unconquered
ira *f* wrath
irse to exit stage, **vase** exits stage
    (*sg*), **vanse** exit stage (*pl*)

jácara *f* ballad about *jaques*
jacarandina *f* gathering of *jaques*
jacarear to sing **jácaras**
jaque *m* ruffian
jinete *m* horseman

jira *f* afternoon snack shared
 between friends
jurador -a *m/f* foul-mouthed
juramento *m* oath
jurar to swear
justicia *f* judge, justice, — **ordinaria**
 civil justice

labrador -a *m/f* peasant, servant,
 wench
labranza *f* cultivation, farming
lacayo *m* lackey
ladino,-a cunning
lance *m* affair
lástima *f* pity, **dar** — to feel sorry for
lazo *m* restraints
letra *f* lyrics
librar to free
liberal generous
licencia *f* permission
lid *f* battle
lidiar to fight
limosna *f* charity
limpio,-a pure
linaje *m* lineage
lisonjero,-a pleasing
litera *f* carriage
loa *f* praise
lobo *m* wolf
locura *f* madness
lugar *m* small village, place
luminarias *fpl* illuminations, lights
llano,-a common, straightforward,
 clear

majadero -a *m/f* idiot
maleza *f* underbrush
malicia *f* suspiscion
mancebo *m* young man
mancha *f* stain, spot
mancilla *f* dishonor
mandar to tell
manojo *m* bunch
manotada *f* smack
maña *f* skill
maravedí *m* old Spanish coin of little
 value
marchar to march, entrar —**ando**
 enter
 organized in a parade
marcial military

marco *m* frame
Marte *m* Mars
medio *m* middle, **de por** — in the
 middle
mendicante mendicant
menearse to get going, to get
 involved
menester *m* need, **haber** — to need
menguado,-a exhausted
menor minor
mentecato -a *m/f* idiot
merced *f* favor
merecimiento *m* merit
mesmo = mismo
meterse (*en algo*) to meddle, to
 interfere
migas *f*, see **hacer**
mina *f* explosive device
mohina *f* animosity
monacal monastic
monte *m* mountain, woods
moro -a *m/f* Moor
mortal worn out
muela *f* molar

necedad *f* nonsense, —**es** foolish
 remarks
nieto -a *m/f*
 grandson/granddaughter
nones *mpl* odd numbers
novedad *f* worse, **-por la** for the
 worse
nube *f* cloud, cloak

obstinarse to insist
ocasión *f* risk, peril
ociosidad *f* idleness
ocioso,-a out of place
oficio *m* municipal office
oído *m* ear
ojeriza *f* **en** — upset
opinión *f* reputation, honor
ordenar to aspire
osado,-a audacious
ostentar to have

paja *f* chaff
paje *m* page, — **de jineta** captain's
 groom, — **de brida** groom,
 stableman
palillo *m* toothpick

pala *f* shovel
palo *m* stick, **a —s** by flogging
paño *m* evidence
par Dios = por Dios
pardo,-a dark, cloudy
parecer to appear
parra *f* grapevine
parte *f* legal party
participar to share
partido,-a generous
partido *m* game
parva *f* heap
paso *m* passageway
patena *f* medallion
patrimonio *m* property
pavesa *f* hot cinder
pecho *m* breast, chest
pelo *m* thread
pelota *f* ball
pena *f* sentence
pendencia *f* quarrel
penoso,-a dreadful
peña *f* rock
pérdida *f* loss
perdido,-a *m/f* beside oneself
perecer to die, to suffer hardships
pesadumbre *f* trouble
pesar *m* grief, sorrow
pesia *f* amazement
pícaro -a rogue
pieza *f* cannon
pisar to step
placer (1ˢᵗ pers. pres. ind. **plazco**) to please, **pluguiera a Dios** I wish to God
planta *f* foot
pliego *m* sheet (of paper)
pobrete -a *m/f* unfortunate man/woman, *f* prostitute
política *f* government
ponzoña *f* poison
porfiar to persist, to pester
porque = para que
porvida *f* annoynance
posada *f* house
postema *m/f* nuisance
postizo,-a false
postrado,-a devoted
postrarse to surrender
postre *m* dessert
preciso,-a necessary

prender to arrest, **prenderse** to catch fire
prendido,-a adorned
preñada pregnant
presa *f* prey, captive
preso -a *m/f* prisoner
prestarse to lend
presto quickly, right away
presunción *f* vanity
pretender to solicit
prevención *f* provisions
prevenir (1ˢᵗ pers. pres. ind. **prevengo**) to prevent, to prepare
primero,-a first, **— que** before
primicia *f* beginning
prisión *f* shackle
probar to see, to try out
prolijo,-a annoying
propósito *m* purpose, **a —** opportunity
proveer to provide, **amor vos —** may love keep you
punto *m* point, **al —** at once, **por —s** at times; **puntos** stitches

que = porque
quebrado,-a broken
quebrantar to break
queja *f* grievance, protest
querella *f* accusation
querellarse to lodge a complaint
quilate *m* carat

rapagón *m* young boy
rapaz -a *m/f* boy/girl
rasguño *m* scar
rato *m* moment
razones *fpl* words
rebozo *m* **de —** secretly
recado *m* message
recompensa *f* saving grace
redimir to redeem
reformado,-a disabled
reformar to remove
refrán *m* proverb
refresco *m* snack
regalado,-a pampered
regalar to entertain
regidor *m* councilman
registrar to examine
regla *f* rule, menstruation

reja *f* window grille, plow
religion *f*, vocation
remitir to refer, pardon
rencilla *f* quarrel
rendido,-a devoted, humbled
rendir (e>i) to surrender
renegado -a *m/f* slanderous
reniego *m* curse
reñir (e>i) to quarrel
reparar to object, — **en** to consider, to think, to defend
requebrar (e>ie) to court
reventar (e>ie) to erupt
rezago *m* remnant
riesgo *m* peril
rigor *m* **en** — in reality, severity, cruelty
rigorosa heavy
rocín *m* nag, hack
rocinante *m* old, skinny horse
rodado,-a spotted, fallen, rolled over
rodela *f* shield
rodelilla *f* shield
rogar (o>ue) to request
romero *m* rosemary
rostro *m* face
rucio *m* gray horse
ruego *m* request
rufo -a *m/f* pimp

sagrado *m* sanctuary, refuge
salir (1ˢᵗ pers. pres. ind. **salgo**) to enter stage
salvo *m* **a** — out of danger
Sampayo = San Pelayo
sangre *f* blood
saña *f* fury
sargento -a *m/f* sergeant
semejante such
sentir (e>ie) to hear
sepultar to burys
siquiera if only
sobrar to be more than enough
sobremanera beyond measure
socorro *m* help
soltar to release, let go of (something)
sospecha *f* suspicion
sospechar not surprised, to suspect
suegro -a *m/f* father-in-law/mother-in-law

sufrir to tolerate
suplicar to implore
sustanciar to go through the due process of law, to prove a case
sustentar to defend an idea or opinion, —**se** to feed, nourish oneself
sustento *m* sustenance

tal such
talar to destroy
talle *m* build
tardo,-a *f* slow, late
tejado *m* roof, hat
tema *m* mania, obsession, stubbornness
temer to fear, to dread
templado-a well-tuned
temor *m* fear, dread
templar to tune (instrument), to appease someone's rage
templo *m* temple
tender (e>ie) to unfold
tenerse (1ˢᵗ pers. pres. ind. **me tengo**) to stop, to control oneself
tengo de = tengo que
tente stop (*see tenerse*)
tercio *m* regiment
testarudo,-a stubborn
tirar to attack
tocar to correspond to, to play an instrument
tomar to take, to prefer, — **rancho** to take one's place
topar to run into, to come across, to find
torcer (1ˢᵗ pers. pres. ind. **tuerzo**) to twist, bend, contort
tormento *m* torture
tornillazo *m* desertion
torre *f* tower
trabajo *m* hardship, troubles, suffering
traje *m* suit, — **de soldado** soldier's uniform
tras behind
traste *m* fret
trato *m* treatment, dealing
travesura *f* mischief
trazar to plan, to prepare
trémulo,-a trembling

tribunal *m* court
trillo *m* thresher, threshing machine
trocar (o>ue) to change
trofeo *m* trophy
troje *f* granary
tronera *f* chatterbox
tropa *f* troop, **en —s** in an
    unorganized group
tropezón *m* blunder
turbado,-a alarmed
turbión *m* downpour

ultraje *m* insult
urbanidad *f* courtesy

vano,-a vain, in vain
vara *f* staff, **la — de justicia** the
    judge's staff
vejación *f* humiliation
veloz swift
vendido,-a betrayed

venera *f* badge, jewel or star worn
    by knights
vengar to avenge
ventura *f* good fortune
verdugo *m* executioner
vientre *m* womb

villanaje *m* group of peasants
villano -a *m/f* peasant, hick
villanote *f* hick
villanchón *m* vulgar peasant
viso *m* luster
vítor *m* hooray (for)!
vitoria = victoria
voto *m* vow, curse, ¡ **— a Dios!** an
    exclamation used to express
    anger
vuelta *f* **dar la —** to return

yerno *m* son-in-law

CPSIA information can be obtained at www.ICGtesting.com
Printed in the USA
LVOW041824160712

290293LV00009B/84/A